ସୂର୍ଯ୍ୟ ଉଇଁଲେ ରାତି

ସୂର୍ଯ୍ୟ ଉଇଁଲେ ରାତି

ଡକ୍ଟର ସନ୍ତୋଷ କୁମାର ନାୟକ

ସହକାରୀ ପ୍ରଫେସର ଓ ବିଭାଗମୁଖ୍ୟ
ଅଧିସ୍ନାତକ ଓଡ଼ିଆ ବିଭାଗ
ଫକୀରମୋହନ ସ୍ୱୟଂଶାସିତ ମହାବିଦ୍ୟାଳୟ
ବାଲେଶ୍ୱର, ଓଡ଼ିଶା

ବ୍ଲାକ୍ ଈଗଲ୍ ବୁକ୍ସ
ଭୁବନେଶ୍ୱର, ଓଡ଼ିଶା

BLACK EAGLE BOOKS
Dublin, USA

ସୂର୍ଯ୍ୟ ଉଇଁଲେ ରାତି / ସନ୍ତୋଷ କୁମାର ନାୟକ
ବ୍ଲାକ୍ ଈଗଲ୍ ବୁକ୍ସ : ଭୁବନେଶ୍ୱର, ଓଡ଼ିଶା ● ଡବ୍‌ଲିନ୍, ଯୁକ୍ତରାଷ୍ଟ୍ର ଆମେରିକା

BLACK EAGLE BOOKS

USA address:
7464 Wisdom Lane
Dublin, OH 43016

India address:
E/312, Trident Galaxy, Kalinga Nagar,
Bhubaneswar-751003, Odisha, India

E-mail: info@blackeaglebooks.org
Website: www.blackeaglebooks.org

First Edition: 2006, 2nd Edition: 2012
3rd Edition: 2014

First International Edition Published by
BLACK EAGLE BOOKS, 2024

SOORJYA UINLE RAATI
by **Dr. Santosh Kumar Nayak**

Copyright © **Dr. Santosh Kumar Nayak**

All rights reserved. No part of this publication may be reproduced, stored in a retrieval system, or transmitted, in any form or by any means, electronic, mechanical, photocopying, recording or otherwise without the prior permission of the publisher.

Interior Design: Ezy's Publication

ISBN- 978-1-64560-640-6 (Paperback)

Printed in the United States of America

ଉତ୍ସର୍ଗ

ମୋ' ପିତାମହ ସ୍ୱର୍ଗତ ଶ୍ରୀ ଗଂଗାଧର ନାୟକଙ୍କୁ
ଭକ୍ତି ଓ ଭଲପାଇବା ସହ ଉତ୍ସର୍ଗ କଲି ....

ଆପଣଙ୍କ ସ୍ନେହାସକ୍ତ ପୌତ୍ର
ସନ୍ତୋଷ

ପୂର୍ବ-ପ୍ରତ୍ୟୟ

ସୂର୍ଯ୍ୟ ଏକ ଆକର୍ଷଣ। ସୂର୍ଯ୍ୟ ଏକ ସତ୍ୟ। ପୁଣି ଆନନ୍ଦ ଓ ଯନ୍ତ୍ରଣା ମିଶ୍ରିତ ଏକ ହାଲୁକା ଆଲୋକପିଣ୍ଡ ହେଉଛି ସୂର୍ଯ୍ୟ। ସୂର୍ଯ୍ୟ ସର୍ବୋପରି ଏକ ମୋହ ମାତ୍ର। ପ୍ରତିଟି ମୁହୂର୍ତ୍ତରେ ସୂର୍ଯ୍ୟପୁରରେ, ସୂର୍ଯ୍ୟପୃଷ୍ଠରେ ଚାରିଗୋଟି ଆକାଂକ୍ଷାର ପରମାଣୁ ଗୋଟିଏ ବୃହତ୍ ପ୍ରାପ୍ତିରେ ପରିଣତ ହୁଏ। କ୍ରିୟା-ନିଷ୍କ୍ରିୟ ହୁଏ। ଯନ୍ତ୍ରଣା ଆନନ୍ଦରେ ପରିଣତ ହୁଏ। କ୍ଷୁଧା ପ୍ରଶାନ୍ତିରେ ପରିଣତ ହୁଏ। ଅପୂର୍ଣ ସଂପୂର୍ଣ ହୁଏ। ଶୂନ୍ୟତାରୁ ପୂର୍ଣତା ଆଡ଼କୁ ଯିବାର ପ୍ରକ୍ରିୟା ସୂର୍ଯ୍ୟପୃଷ୍ଠରେ ଅହରହ ଚାଲିଥାଏ। ରାତି ସୂର୍ଯ୍ୟର ସହଚର। ସୂର୍ଯ୍ୟ ଗୋଟିଏ ପଟରେ ଉଇଁଲେ ଆରପଟରେ ରାତି ନିଶ୍ଚିତ ହୁଏ। ଏହା ପୃଥିବୀର ଏକ ପରମ ସତ୍ୟ। ସୂର୍ଯ୍ୟଠାରୁ ଯେପରି ନିସ୍ତାର ନାହିଁ, ରାତିଠାରୁ ସେହିପରି ନିସ୍ତାର ନାହିଁ। ଦୁହିଁଙ୍କ ଠାରୁ ବଳି ସତ୍ୟ ଓ ସାଥୀ (ସହଚର) ଆଉ କେହି ନାହାଁନ୍ତି। ଗୋଟିଏ ଗତି ହେଲେ ଅନ୍ୟଟି ମୁକ୍ତି। ଗୋଟିଏ ରୀତି ହେଲେ ଅନ୍ୟଟି ଭିତ୍ତି। ମଣିଷର ସ୍ଥିତି ଏଇ ସୂର୍ଯ୍ୟ ଓ ରାତି ମଧ୍ୟରେ ହିଁ ବିଦ୍ୟମାନ ଥାଏ। ଏଣୁ ସୂର୍ଯ୍ୟ ଉଇଁଲେ ଦିନ ହେବା ଠାରୁ ରାତି ଅଧିକ ହୋଇଥାଏ। ଅର୍ଥାତ୍ ସୂର୍ଯ୍ୟ ସାଙ୍ଗରେ ଆଲୋକ ସଂପର୍କ ପରି ଅନ୍ଧାରର ସଂପର୍କ ଆହୁରି ନିବିଡ଼। ପ୍ରକୃତ ପକ୍ଷରେ କହିବାକୁ ଗଲେ ସୂର୍ଯ୍ୟ ହିଁ ଅନ୍ଧକାର ବା ରାତିର କାରଣ ଅଟେ। ସୂର୍ଯ୍ୟ ହିଁ ରାତିକୁ ଡାକିଆଣେ, ଅନ୍ଧାରକୁ ନିମନ୍ତ୍ରଣ କରେ। ଯଦି ଆଲୋକ ନଥାଆନ୍ତା, ତେବେ କ'ଣ ପୃଥିବୀର କେଉଁ ସ୍ଥାନରେ ବି ଛାଇ ବା ଅନ୍ଧାର ହୁଅନ୍ତା ? ପୁଣି ଚନ୍ଦ୍ରଗ୍ରହଣ ଠାରୁ ସୂର୍ଯ୍ୟପରାଗ ଯାଏଁ ସବୁ ଏଇ ଆଲୋକ ଓ ପୃଥ୍ୱୀ ପାଇଁ ହୋଇଥାଏ। ସୂର୍ଯ୍ୟ ଏକ ଆକର୍ଷଣ। ଏକ ପରମ ଅବସ୍ଥା। ଏକ ସତ୍ୟ ମାତ୍ର। ସୂର୍ଯ୍ୟ ସକଳ ଶକ୍ତିର ଆଧାର। ସୂର୍ଯ୍ୟ ଯେପରି ରାତିରୁ ମୁକ୍ତିର ବାଟ, ରାତି ସେହିପରି ସୂର୍ଯ୍ୟାଲୋକରୁ ମୁକ୍ତିର ଆଶ୍ରୟ। ଦୁହେଁ ଜରୁରୀ। ଦୁହେଁ ସତ୍ୟ। ଦୁହେଁ ଶିବ ଓ ଦୁହେଁ ସୁନ୍ଦର।

ସୂର୍ଯ୍ୟ ଯଦି ସତ୍ୟର ସ୍ୱରୂପ ହୁଏ ତେବେ ରାତି ମଧ୍ୟ ସତ୍ୟର ସହଚର ହେବ। ପୁଣି ରାତି ଯଦି ଶୀତଳ ସୁନ୍ଦର ଓ ଶାନ୍ତିର ଆଶ୍ରୟ ହୁଏ ତେବେ ସୂର୍ଯ୍ୟ ହେବ ତାହାର କାରଣ। ଏସବୁ ଭିତରେ ଗୋଟିଏ କଥା ଆସୁଛି- ମୃତ୍ୟୁ। ପୁଣି ଜନ୍ମ ମଧ୍ୟ ଏହା ସାଙ୍ଗରେ ଯୋଡ଼ିରହିଛି। ଅର୍ଥାତ୍ ଜନ୍ମପରେ ମୃତ୍ୟୁ, ମୃତ୍ୟୁ ପରେ ଜନ୍ମ ସନ୍ନିହିତ ହୋଇ ଏଠାରେ ରହିଛି। ଦୁହେଁ ଦୁହିଁଙ୍କର ପରିପୂରକ। ଦୁହେଁ ଆତ୍ମାର ଆବଶ୍ୟକତା ।

ସୂର୍ଯ୍ୟ ଏକ ପ୍ରତୀକ ବିଶେଷ। ରାତି ଏକ ପ୍ରତୀକ ବିଶେଷ। ସୂର୍ଯ୍ୟ ଏକ ଡାକରା। ରାତି ଏକ ଆକର୍ଷଣ। ସୂର୍ଯ୍ୟ ଅନ୍ଧାର ଆଡ଼କୁ ନେଇଯାଏ। ରାତି ସୂର୍ଯ୍ୟକୁ ସାମ୍ନା କରିବା ଲାଗି ଶକ୍ତିଦିଏ। ତଥାପି ସବୁବେଳେ ରାତିକୁ ଧରି ମଣିଷ ରହିପାରେନା କି ସବୁବେଳେ ସୂର୍ଯ୍ୟକୁ ଜାବୁଡ଼ି ଧରି ରହିବା ସମ୍ଭବ ନୁହେଁ। ସୂର୍ଯ୍ୟ ପ୍ରଶାନ୍ତି ଆଡ଼କୁ ରାସ୍ତା। ସୂର୍ଯ୍ୟ ଆମ ବିସ୍ମୃତ ମନକୁ ବାଟକୁ ଆଣେ। ରାତି ଆମକୁ ଆନନ୍ଦ ଦିଏ, ଆଶ୍ରୟ ଦିଏ, ଶୀତଳତା ପ୍ରଦାନ କରେ । କେବଳ ସୂର୍ଯ୍ୟ ବା କେବଳ ରାତି (ଅନ୍ଧକାର)ରେ ସୃଷ୍ଟି ସମ୍ଭବ ନୁହେଁ। ଏ ଉଭୟ ଜରୁରୀ। କେବଳ ଜନ୍ମ ଓ କେବଳ ମୃତ୍ୟୁ ସୃଷ୍ଟି ନିମନ୍ତେ ଘାତକ ହୋଇଥାଏ। ଉଭୟ ଆବଶ୍ୟକ। ଜନ୍ମ ଓ ମୃତ୍ୟୁ ଉଭୟ ଜରୁରୀ। ସୂର୍ଯ୍ୟ ସୁନ୍ଦର ହେଲେ, ରାତି ଶୀତଳ। ସୂର୍ଯ୍ୟ ପ୍ରଖର ହେଲେ ରାତି ଶାଶ୍ୱତ ହୋଇଥାଏ। ସୂର୍ଯ୍ୟ ଓ ରାତି ଏକ ଓ ଅଭିନ୍ନ। ଦୁହେଁ ଏକବୀଜ ବେନିଫାଳ ପରି। ଦୁହିଁଙ୍କ ସମଷ୍ଟିରେ ସତ୍ୟ-ଶିବ-ସୁନ୍ଦରର ସୃଷ୍ଟି ।

ସୂର୍ଯ୍ୟ ଆମର ଗତି। ରାତି ଆମର ଆଶ୍ରୟ। ଏମାନେ ସମସ୍ତେ ସମସ୍ତଙ୍କୁ ଜାତି-ବର୍ଣ୍ଣ-ଧର୍ମ-ଗୋଷ୍ଠୀ-ଗୋତ୍ର-ଛତ୍ର ନିର୍ବିଶେଷରେ ସମାନ ବ୍ୟବହାର କରିଥାଆନ୍ତି। ଏମାନେ ସମସ୍ତେ ସମସ୍ତଙ୍କୁ ସମତଳରେ ପର୍ଯ୍ୟବେକ୍ଷଣ କରନ୍ତି। ସମସ୍ତେ ୟା'ଙ୍କଠି ସମାନ। କେହି ୟା'ଙ୍କ ଠାରୁ ଦୂରେଇ ଯାଇପାରେନା କି ବଞ୍ଚିଯାଇ ପାରେନା। କାରଣ ଏମାନେ ଶାଶ୍ୱତ ଓ ସାର୍ବଭୌମ। 'ମୃତ୍ୟୁ' ଏହାଙ୍କର ଏକ ପ୍ରତିଶବ୍ଦ ମାତ୍ର। କାରଣ ମୃତ୍ୟୁ ଓ ରାତ୍ରି ଏକ କିସମର। ମୃତ୍ୟୁ ସତ୍ୟ। ସୂର୍ଯ୍ୟ ସତ୍ୟ। ଏଣୁ ମୃତ୍ୟୁ ସୂର୍ଯ୍ୟର ଅନ୍ୟ ନାମ ବୋଲି ମଧ୍ୟ କୁହାଯାଇପାରେ। ପୁଣି କେହିକେହି ସୂର୍ଯ୍ୟକୁ ଜୀବନ ବୋଲି ଧରିନିଅନ୍ତି। ତେବେ 'ଜାତସ୍ୟ ହିଁ ଧ୍ରୁବୋମୃତ୍ୟୁ' କଥାଟା ଅନୁସାରେ ଦିବସର ଆରମ୍ଭରେ ଯେତେ ଦୀପ୍ତ ସୂର୍ଯ୍ୟ ଉଇଁଲେ ମଧ୍ୟ ରାତ୍ରିର ଆଗମ ଅବଶ୍ୟମ୍ଭାବୀ। ସେହିପରି ଜନ୍ମ ଓ ମୃତ୍ୟୁ। ପରିଣତିକୁ ସତ୍ୟ ବୋଲି ଧରିନେଲେ ଏଠାରେ ମଧ୍ୟ ରାତ୍ରି ମୃତ୍ୟୁକୁ ଇଂଗିତ କରିବ। ପୁଣି ସୂର୍ଯ୍ୟ ଏଠାରେ

ଜୀବନର ପ୍ରତିଭୂ ହେଲେ ମଧ୍ୟ ନିମିତ୍ତ ମାତ୍ର ହୋଇ ରହିଯାଏ। ମୃତ୍ୟୁ ବା ରାତିର ପଥ ବା ଠିକଣା ଦେଖାଏ ଏଇ ସୂର୍ଯ୍ୟ। ଏଇ ସୂର୍ଯ୍ୟ ଉଇଁଲା ପରେ ହାତଠାରି ଦେଖାଇଦିଏ ଏଇ ରାତିକୁ। ଏଇ ସୂର୍ଯ୍ୟ ଆମକୁ ବାଟେଇ ଦେଇଆସେ ରାତି ମଧ୍ୟକୁ ଯିବାପାଇଁ। ସୂର୍ଯ୍ୟ ଏସୂତ୍ରରେ ମୃତ୍ୟୁ ଦୂତ।

ପୁଣି ସୂର୍ଯ୍ୟ ମଧ୍ୟ ପୁନର୍ଜନ୍ମର ପ୍ରତୀକ। ମାତ୍ର ଏହା ମଧ୍ୟ ସତ୍ୟ ଯେ, ରାତିପରେ ସୂର୍ଯ୍ୟ ଆସିଲେ ମଧ୍ୟ ସୂର୍ଯ୍ୟ ପରେ ରାତି ଆସିବା ଅନିବାର୍ଯ୍ୟ। ସେଥିପାଇଁ ତ ମୃତ୍ୟୁକୁ ସତ୍ୟ ଓ ଶାଶ୍ୱତ ବୋଲି କୁହାଯାଇଛି ବିଭିନ୍ନ ଶାସ୍ତ୍ରରେ। ତେବେ ସର୍ବୋପରି ମୃତ୍ୟୁ ଆମର କାମ୍ୟ। ଏହା ଆମର ଲକ୍ଷ୍ୟ । ମାତ୍ର ଏହା ଆମର ଚରମ ଲକ୍ଷ୍ୟ ନୁହେଁ । କର୍ତ୍ତବ୍ୟ ସଂପାଦନ ହିଁ ଆମର ଅସଲ ଧର୍ମ। ଏଣୁ ଏଠାରେ ବକ୍ତବ୍ୟ ଏହା ଯେ, ମୃତ୍ୟୁ ପାଇଁ ଅଯଥାରେ ବିଚଳିତ ହେବା ଉଚିତ ନୁହେଁ। ବରଂ ଅନ୍ୟାନ୍ୟ ଜିନିଷ ପରି ଖୁସିରେ ଖୁସିରେ ଏହାକୁ ମଧ୍ୟ ଗ୍ରହଣ କରିନେବା ଉଚିତ୍। ତେବେ ଯାଇ ଜୀବନ ଆହୁରି ସରଳ, ଆହୁରି ମୁଗ୍ଧକର ଓ ସୁନ୍ଦର ହୋଇପାରିବ। କାରଣ ଜୀବନ ପରେ ମଧ୍ୟ ଆନନ୍ଦର ସମ୍ଭାବନା ଯଥେଷ୍ଟ ଅଛି। ମାତ୍ର ଏହା ଜୀବନର କର୍ମ ଉପରେ ନିର୍ଭର କରେ। ବିଫଳତା ବା ପାଶ୍ଚାତାପରେ ଏହି ଆନନ୍ଦ ସୁଦୂର ପରାହତ ହୁଏ । ଏଣୁ ପ୍ରତ୍ୟେକ ଆତ୍ମା ସେହି ଆନନ୍ଦମୟ ଜଗତକୁ ବୁଝି ଏ ଜଗତକୁ ଆନନ୍ଦରେ ପାନ କରିବା ଉଚିତ୍। ଯଥୋଚିତ କର୍ମ ବା କର୍ତ୍ତବ୍ୟଦ୍ୱାରା ହିଁ ଏ ଜଗତକୁ ପାନ କରିହେବ। ଆତ୍ମା ଆନନ୍ଦର ଫଳ । ଏଣୁ ବିଷାଦରେ ଏହା ବୁଡ଼ିଯିବାର ବା ହଜିଯିବାର ନୁହେଁ। ପ୍ରାଚୀନ କାଳରୁ କବିମାନେ, ବିଦଗ୍ଧ-ମନୀଷୀମାନେ ସାରା ବିଶ୍ୱରେ ଏହି ଆନନ୍ଦର ପ୍ରତିଷ୍ଠା ପାଇଁ ହିଁ ଚେଷ୍ଟା କରିଆସିଛନ୍ତି। ମିଲ୍‌ଟନ୍‌ଙ୍କଠାରୁ ଶେଲୀ, କୀଟସ୍, ବାଇରନ୍, କିପ୍‌ଲିଂ, ସାରଳା ଦାସ, ଭକ୍ତଚରଣ ଦାସ ଓ ଆଧୁନିକ କାଳର ଏକାଧିକ କବି ଏହି ଶାଶ୍ୱତ ପ୍ରଚେଷ୍ଟା ହିଁ କରିଆସିଛନ୍ତି। ମୋର ମନେହୁଏ- ଏସବୁରେ ବୈରାଗ୍ୟ ପ୍ରଧାନ ଲକ୍ଷ୍ୟ ନୁହେଁ । ଜୀବନ ହିଁ ପ୍ରଧାନ ଲକ୍ଷ୍ୟ। ବୈରାଗ୍ୟ ଏକ ସାଧନ ମାତ୍ର। ହଁ, ଅବଶ୍ୟ ଏହା ସତ୍ୟ ଯେ, ମଣିଷ କେବଳ ପାର୍ଥିବ ଜଗତରେ ବୁଡ଼ିରହିବା ଠିକ୍ ନୁହେଁ, କାରଣ ତାହାଦ୍ୱାରା ସେ ସ୍ୱାର୍ଥପର ହୋଇଯାଏ। ତା'ର ଅଧୋଗତି ହୁଏ । କାରଣ ତା'ର ସୃଷ୍ଟି ଅପାର୍ଥିବ ଜଗତରୁ। ତା'ର ସୃଷ୍ଟି ପରଜଗତର ପରମାତ୍ମା ଅଂଶ ଓ ଏହି ଜଗତର ପ୍ରକୃତିର ମିଶ୍ରଣରୁ ଜାତ। ଏହି ଦୁଇ ଜଗତରୁ ସେ ସୃଷ୍ଟ। ଏଣୁ ଏଇ ଦୁଇ ଜଗତର କଥା ସେ ବୁଝିବା ଦର୍କାର। ସେ ଏହି ଦୁଇଟିଯାକ ଜଗତକୁ ଭଲପାଇବା ଦର୍କାର।

ଏହି ଦୁଇଜଗତ ପ୍ରତି ସେ ତା'ର ଯଥୋଚିତ କର୍ତ୍ତବ୍ୟ ସଂପାଦନ କରିବା ଦର୍କାର। ଏଥିମଧ୍ୟରୁ କେଉଁଟିକୁ ସେ ଅବହେଳା କରିବା ଉଚିତ୍ ନୁହେଁ।

ସୂର୍ଯ୍ୟ ଉଇଁବା ଯେପରି ସତ, ରାତି ସୂର୍ଯ୍ୟକୁ ଅର୍ଥାତ୍ ସକାଳକୁ, ମଧ୍ୟାହ୍ନକୁ ଓ ଗୋଧୂଳିକୁ ଉଦରସାତ୍ କରିବା ସେତିକି ସତ। ସୂର୍ଯ୍ୟକୁ ଏଠାରେ ଚିରନ୍ତନ ପ୍ରତୀକଟିଏ ଧରିନେଲେ ଜୀବନର ମିଛ ମାୟାଜାଲ କିଛି ଦିଶିବ ନାହିଁ। ବାକି ରହିଯିବ କେବଳ ଅନ୍ଧାର ଓ ଅନ୍ଧାର। ରାତି ଜଗିବସିଛି ସୂର୍ଯ୍ୟର ଉଇଁବାକୁ। ସତେ ଯେପରି ରାତି ସୂର୍ଯ୍ୟକୁ ଜନ୍ମଦେଲା ପରେ ଭାବେ- "ଏଥରେ ଆହୁରି କିଛି ଅଭାବ ରହିଗଲା", ଏଣୁ କୁମ୍ଭକାର ପରି ସେ ପୁଣି ମାଟି ଚକଟେ, ପୁଣି ଚିକିଟା କରି ଗଢ଼ିବାକୁ ଚେଷ୍ଟାକରେ ନୂତନ ସୁନ୍ଦର ଅନ୍ୟ ଏକ ସୂର୍ଯ୍ୟଟେ। ଅର୍ଥାତ୍ ଏହି ଗଢ଼ିବା ଓ ଭାଙ୍ଗିବା ଏକ ଚିରନ୍ତନ ସତ୍ୟ। ଏହି ସତ୍ୟରୁ ନିସ୍ତାର ନାହିଁ। ଏଠି ସୂର୍ଯ୍ୟ ଉଇଁବା ଯେପରି ନିଶ୍ଚିତ ରାତି ଆସିବା ମଧ୍ୟ ଅନୁରୂପ ଭାବେ ନିଶ୍ଚିତ। ବାସ୍ତବରେ ଏଇ ସୂର୍ଯ୍ୟ ଓ ରାତିକୁ ନେଇ ଆମ ମାଟିର ଏଇ ତେଲଲୁଣର ସଂସାର। ସୂର୍ଯ୍ୟ ପାଇଁ ଅନ୍ଧାର, ସୂର୍ଯ୍ୟ ପାଇଁ ହିଁ ରାତି। ପୁଣି ଏଇ ରାତି ହିଁ ଜନ୍ମଦିଏ ସୂର୍ଯ୍ୟକୁ।

ସୂର୍ଯ୍ୟ ଗତି କରେ ସତ; ତା'ର ଗତି ସଂପୂର୍ଣ୍ଣ ଭିନ୍ନ। ଇଂରାଜୀରେ ଯେଉଁ କୁହାଯାଏ- "The Sun rises in the east", ବାସ୍ତବରେ ଏହା ସଂପୂର୍ଣ ସତ୍ୟ ନୁହେଁ। କାରଣ ସୂର୍ଯ୍ୟର ଉପରକୁ ଉଠିବା ଦ୍ୱାରା ଦିନରାତି ହେବା ନିଶ୍ଚିତ ରୂପେ ନିର୍ଭର କରେ ନାହିଁ। ବରଂ ପୃଥିବୀର ଆବର୍ତ୍ତନ ଓ ପରିକ୍ରମଣ ପାଇଁ ଏତେସବୁ ଅସ୍ତୋଦୟ। ଏଇ ସତ୍ୟକୁ କେତେକେତେ ମହାମନୀଷୀ ପରା ସିଦ୍ଧ କରି ବିଷ ପିଇଗଲେ। ସେ ଯାହାହେଉ ପଛକେ, ଏ ସୂର୍ଯ୍ୟ କିନ୍ତୁ ଅନ୍ଧାର ଗର୍ଭରେ ବିଲୀନ ହେବାଲାଗି ଜନ୍ମନିଏ, ଉଦୟ ହୁଏ । ତା'ପରେ ରାତିରେ କିଛି ଦେଖାଯାଏ ନାହିଁ। ସବୁ ଅନ୍ଧାରରେ ମିଶିଗଲା, ବୁଡ଼ିଗଲା ପରେ ଏକାକାର ଦିଶନ୍ତି। ମୃତ୍ୟୁ ଯେପରି ସବୁକିଛି ଦନ୍ତୁରତାକୁ ସମାନ କରିଦିଏ, ସମତଳରେ ପରିଣତ କରିଦିଏ, ଠିକ୍ ସେହିପରି ମୃତ୍ୟୁ ସବୁକିଛିକୁ ଜୀର୍ଣ୍ଣକରି ଏକାକାର କରିଦିଏ । ଏହା ସେଇ ରାତି, ଏହା ସେଇ ମୃତ୍ୟୁ। ଏଠି ସୂର୍ଯ୍ୟ ଜୀବନ ହେଲେ ବା ଜନ୍ମହେଲେ ରାତି ହେବ ମୃତ୍ୟୁର ଗହ୍ୱର, ଅନ୍ତିମ ଠିକଣା ।

କବିତା ସଂଶ୍ଳେଷଣ (Syntehsis) ବା ଏକ ଯୌଗିକ ବା ଜଟିଳତି ଜଟିଳ ପ୍ରକ୍ରିୟା ମାତ୍ର। ଏହା ସଂପ୍ରେକ୍ଷିତ ଭାବନା ଓ ଅନୁଭୂତି ରାଜିର ମୂର୍ତ୍ତରୂପ। କବିତା ଏକ ଯାଦୁଖେଳ। ଶବ୍ଦ ସେଠି ସବୁ ମିଛକଥା। ଅସଲରେ ଶବ୍ଦମାନେ ହିଁ

ନଥା'ନ୍ତି କବିତାର ବାହୁଛନ୍ଦାରେ । ସେମାନେ ଗୋଟାଇବାକୁ ଯାଇଥାଆନ୍ତି ଅର୍ଥକୁ, ଅନୁଭୂତିକୁ, ଆବେଗ ଓ ଆକାଂକ୍ଷାକୁ । ଅନ୍ୟ ଭାଷାରେ କହିଲେ- କବିତା ଭାବନାର ଶବ୍ଦ ରୂପ ମାତ୍ର । ଚିତ୍ରକରଟିଏ ତୂଳୀରେ ରଂଗଦ୍ୱାରା ନିଜ ମନକୁ ବେଶ୍ ଆଙ୍କେ । ମାତ୍ର କବି ପାଖରେ ସେ ସୁବିଧା ନାହିଁ । ସେ ତୂଳୀ ନିଏନି କି ରଂଗ ନିଏନି । କିନ୍ତୁ ସେ ଆଙ୍କେ । ରଂଗକୁ ଆଙ୍କେ, ତୂଳୀକୁ ବି ଆଙ୍କେ । ଭାବନାକୁ ଆଙ୍କେ । ମାତ୍ର ତୂଳୀରେ ନୁହେଁ, ଶବ୍ଦରେ ଆଙ୍କେ । ଏଣୁ କବି କବିତା ଲେଖୁଥିଲାବେଳେ ମୂର୍ତ୍ତକୁ ଅମୂର୍ତ୍ତ ଓ ଅମୂର୍ତ୍ତରୁ ମୂର୍ତ୍ତ ଜଗତକୁ ବାରମ୍ବାର ଯାତାୟତ କରିଥାଏ ।

କବିତା ଏକ ବ୍ୟକ୍ତିଗତ ଚେତନାର ବ୍ୟାପାର ବିଶେଷ । ସଂବେଦନଶୀଳତା ଓ ଏକାତ୍ମଭାବ କବିତାର ଆତ୍ମକଥା । କବିତା ସାର୍ବଜନୀନ ହେଉ ଅଥବା ବ୍ୟକ୍ତିଗତ, ସଂବେଦନା ହିଁ ତା'ର ପ୍ରାଣ, ସଂବେଦନା ହିଁ ତା'ର ପ୍ରକୃତ ଆକର୍ଷଣ ।

ମୃତ୍ୟୁ ପ୍ରକୃତିର ନିୟମ । ଏକ ବିଶୁଦ୍ଧ ନିୟମ ହେଉଛି ମୃତ୍ୟୁ । ଏହା ମଣିଷକୁ ଅବରୁଦ୍ଧ କରିବାର ନୁହେଁ । ମଣିଷର ଜୀବନରେ ଏହା ବାଧକ ମଧ୍ୟ ହେବା ଅନୁଚିତ । ଏହା ଜୀବନ ପାଇଁ ତିଆରି, ପୁନର୍ଜୀବନ ଲାଗି ଉଦ୍ଦିଷ୍ଟ । ଜୀବନ ଯେତେବେଳେ ଥକିଯାଏ, ହାରିଯାଏ, ଆଶାହୀନ ରଂଗହୀନ ହୋଇଯାଏ, ମୃତ୍ୟୁ ସେତେବେଳେ ଆସେ । ଏବଂ ଏହି ମୃତ୍ୟୁ ଆସିବାଦ୍ୱାରା ହିଁ ନୂତନ ସମ୍ଭାବନା ଏକ ସୃଷ୍ଟି ହୁଏ । ନୂତନ ଜୀବନର ସମ୍ଭାବନା ହିଁ ମୃତ୍ୟୁ । ମୃତ୍ୟୁକୁ ମୋ ମତରେ ଅନ୍ଧାର ରୂପେ ନ ଦେଖି ଆଲୋକ ରୂପେ ଦେଖିବା ଦର୍କାର । ଆଲୋକର ଶୁଭାରମ୍ଭ ଲାଗି ମୃତ୍ୟୁ ଦର୍କାର, ଅନ୍ଧକାର ଦର୍କାର । ସୁତରାଂ ମୃତ୍ୟୁ ଓ ଅନ୍ଧକାର ଆମର ଜରୁରୀ । ଅନ୍ଧାର ବିନା ଆଲୋକର ମହତ୍ତ୍ୱ ଯେପରି ଜାଣିହୁଏନି, ଅନ୍ଧାର ବିନା ଆଲୋକର ଆଗମ ଯେପରି ସମ୍ଭବ ହୁଏନି, ଠିକ୍ ସେହିପରି ମୃତ୍ୟୁ ବିନା ଜୀବନ ମଧ୍ୟ ସମ୍ଭବ ନୁହେଁ ବା ମୃତ୍ୟୁ ବନା ଜୀବନର ସ୍ୱାଦ ଚାଖିବା ମଧ୍ୟ ସମ୍ଭବ ନୁହେଁ । ଏଣୁ ଜୀବନ୍ତ ମାନବର ଏକ ଆଭିସନ୍ଧିକ ଲକ୍ଷ୍ୟ ହେଉଛି ମୃତ୍ୟୁ । କାରଣ ଆଶା-ଆକାଂକ୍ଷା, ଅଭୀପ୍‌ସା, ସ୍ୱପ୍ନ, କାର୍ଯ୍ୟ ଆଦରି ଶେଷ ନାହିଁ । ଯଦି କିଛିର ଶେଷ ଅଛି ତେବେ ତାହା ହେଉଛି ସମୟର, ଜୀବନର ସୀମିତ କାଳର । ସୀମିତ ସମୟ ମଧ୍ୟରେ ଅସୀମ ସ୍ୱପ୍ନ ସତହେବା ସମ୍ଭବ ନୁହେଁ । ଏଣୁ ଜୀବନରେ ସ୍ୱପ୍ନକୁ ସତ କରିବା ଲାଗି ମୃତ୍ୟୁଟିଏ ଦର୍କାର । ଅବସର, ବିରାମ ବା ବିରତିଟିଏ ଦର୍କାର । ସେହି ବିରତି ହେବ ସଜଳ, ସବଳ ଜୀବନର ଧାରଣ-କାରଣ ।

ମୃତ୍ୟୁକୁ ବିଳାସ ଭାବରେ ଗ୍ରହଣ କରିବା ଉଚିତ୍ ନୁହେଁ । ମୃତ୍ୟୁକୁ

ଭୟକରିବା ମଧ୍ୟ ଉଚିତ୍ ନୁହେଁ । ମୃତ୍ୟୁ ଆମର ଏକ ସାହାଯ୍ୟକାରୀ କ୍ରିୟାବିଶେଷ । ମୃତ୍ୟୁ ଏକ ସମ୍ଭାବନାର ତାରା । ମୃତ୍ୟୁ ଧ୍ରୁବତାରା । ମୃତ୍ୟୁ ଏକ ଜାହାଜ । ମୃତ୍ୟୁ ଏକ ବିରତି । ଏହା ଏକ ସାହାସ । ମୃତ୍ୟୁ ଏକ ବତୀ ବତୀଘର । ଋତୁସ୍ରାବ ପରେ ପରେ ଯେପରି ଗୋଟିଏ ଡିମ୍ବାଣୁର ଜୀର୍ଣ୍ଣଦେହକୁ ତ୍ୟାଗକଲା ପରେ ହିଁ ନୂତନ ସମ୍ଭାବନା ସୃଷ୍ଟି ହୁଏ, ମୃତ୍ୟୁରେ ସେହିପରି ନୂତନ ଏକ ଜୀବନର ସମ୍ଭାବନା ଉଜ୍ଜଳି ଆସେ । ମୃତ୍ୟୁରେ ସେହିପରି ଗୋଟିଏ ଡିମ୍ବାଣୁର ଜୀର୍ଣ୍ଣଦେହକୁ ତ୍ୟାଗ କଲାପରେ ହିଁ ନୂତନ ସମ୍ଭାବନା ସୃଷ୍ଟି ହୁଏ । ଏହି ଋତୁସ୍ରାବ ହିଁ ବାସ୍ତବରେ ମୃତ୍ୟୁ ପରି ଜୀବନର କାରଣ । ଏକ ସ୍ୱଚ୍ଛ, ସୁସ୍ଥ ଜୀବନ ପାଇଁ ଏଇ ମୃତ୍ୟୁ ଦାୟୀ । ଏଇ ଋତୁସ୍ରାବ ବନ୍ଦହେଲେ ଜୀବନର ସମ୍ଭାବନା ନଥାଏ । ଠିକ୍ ସେହିପରି ମୃତ୍ୟୁ ଓ ଜୀବନ । ମୃତ୍ୟୁ ନଥିଲେ ମଣିଷକୁ ଭୀଷ୍ମ ହେବାକୁ ହୁଏ । ବାର୍ଦ୍ଧକ୍ୟ ହିଁ ମିଳେ, ଜୀବନ ବା ଆନନ୍ଦ ନୁହେଁ । କାରଣ ସେ ଜୀବନରେ ଆନନ୍ଦ ନଥାଏ । ଆନନ୍ଦ ଜୀବନର ଆତ୍ମା । ତେଣୁ ସେପରି ଜୀବନ ପ୍ରକୃତ ଜୀବନ ପଦବାଚ୍ୟ ନୁହେଁ । ଶରୀର ଆତ୍ମା ବିନା ଯେପରି ଅଧୁରା ଜୀବନ ଆନନ୍ଦ ବ୍ୟତିରେକେ ସେହିପରି ଅସତ୍ୟ, ଅପୂର୍ଣ୍ଣ । କାରଣ ଆମେ ଆନନ୍ଦରୁ ଜାତ ।

ମରଣ ଭୟର କାରଣ କଦାପି ହେବା ଉଚିତ୍ ନୁହେଁ । ମରଣ ଓ ଆତ୍ମହତ୍ୟା ଏକାକଥା ନୁହେଁ । ଆତ୍ମହତ୍ୟା ଆତ୍ମାର ଇଚ୍ଛାକୁ ମାରିଦେବା ସହ ସମାନ । ଆତ୍ମହତ୍ୟା ଏକ ଅଭିଶାପ; ଏକ ଗର୍ହିତ ଅପରାଧ । ଆତ୍ମହତ୍ୟା ଏକ ନିନ୍ଦନୀୟ ବିଷୟ । ଗୋଟିଏ ମୃତ୍ୟୁ ପରେ ଅମୃତ ମଣିଷ ଜୀବନ ଲାଭ କରିଥାଏ । ଜୀବନରେ ଥାଇ ହାରିବା ଓ ମରିଯିବା ବିଷକୁ ଆମନ୍ତ୍ରଣ କରିବା ପରି । ଆମେ ଅମୃତର ସନ୍ତାନ । ଆମେ ଅମର, ଅଜର । ଆମେ ମୃତ୍ୟୁଲାଭ କରି ମଧ୍ୟ ମରୁନାହୁଁ । ଆମେ ଶାଶ୍ୱତ କାରଣ ଆମ ଆତ୍ମା ଶାଶ୍ୱତ । ମୃତ୍ୟୁ କେ ମାଧ୍ୟମ । ମୃତ୍ୟୁ ଏକ ବିରାମ । ଏହାରି ପରେ ଆମେ ସୁସ୍ଥ ସବଳ ହୋଇ ପୁଣି ଜୀବନକୁ ଫେରିଆସୁ ଓ ଜୀବନର ଗୁଣଗାନ କରୁ । ସ୍ୱପ୍ନକୁ ପୂରାକରୁ ଓ ନୂତନ ସ୍ୱପ୍ନ ଦେଖୁ ।

ଯଦି ମୃତ୍ୟୁ ସତ, ଜୀବନ ଯଦି ମୃତ୍ୟୁପରେ ମିଳେ, ସ୍ୱପ୍ନ ଯଦି ଜୀବନରେ ଦେଖାଯାଏ, ତେବେ ସେଇଠି ମଧ୍ୟ ମଣିଷ ମୃତ୍ୟୁକୁ ସ୍ୱାଗତ କରେ, ଜୀବନକୁ ସ୍ୱାଗତ କରିବା ଲାଗି । ସେଇଠି ହିଁ ଜୀବନର ଜୟଗାନ ହୁଏ । ମୃତ୍ୟ ଜୀବନର ପୂର୍ଣ୍ଣଚ୍ଛେଦ ନୁହେଁ, ସ୍ୱପ୍ନର ପୂର୍ଣ୍ଣଚ୍ଛେଦ ନୁହେଁ, କେବଳ ଜୀବନଯାତ୍ରାର ଏକ ଅଧ୍ୟାୟ ବା ପରିଚ୍ଛେଦ ମାତ୍ର ।

ମୋର ମନେପଡୁଛି ଯେ, ମୋ'ପାଖରେ ଦୁଇ- ଚାରିଖଣ୍ଡ ଇଂରାଜୀ କବିତା ସଂକଳନ ଥିଲା । ଏହାଛଡ଼ା William Shakespeare, Alexander Pope, William Blake, John Keats, Percy Bysshe Shelley, Robert Bridges, Walt Whitman, Thomas Hardy, T.S. Eliot, Robert Frost, John Masefield, R.S. Thomas, Dylan Thomas, Philip Larkin, Nissim Ezekiel, Rudyard Kipling ପ୍ରଭୃତିଙ୍କ ଅନେକ କବିତା ଓ ସଂକଳନସ୍ଥ ଅନ୍ୟାନ୍ୟ ସ୍ରଷ୍ଟାମାନଙ୍କ ଚିତ୍ତ ଓ ଚୈତନ୍ୟ ସଂପର୍କରେ ଅନେକ ଦିନରୁ ମୁଁ ଆସିଲିଣି । କିଛିଦିନ ତଳେ Benjamin Franklin ଙ୍କ "Death is a Fisherman" କବିତାଟି ପଢ଼ିଥିଲି । ମୋର ମନେହୁଏ ତା'ରି ପ୍ରଭାବରେ 'ଭୀମା ଧୀବର' କବିତାଟି ରଚିତ । ଏହାଛଡ଼ା ବିଶେଷକରି William Shakespeareଙ୍କ As You Like Itର ପ୍ରଭାବ ମୋ ଉପରେ ପଡ଼ିଥିଲା ବୋଲି ମୋର ମନେହୁଏ । ସେହିପରି William Blakeଙ୍କ ରଚିତ The Lamb କବିତାଟି ପଢ଼ିସାରିଲା ଉତ୍ତାରେ ମୁଁ ଏଥିରେ ଥିବା 'ରାତି' କବିତାଟିକୁ ଲେଖିବା ପାଇଁ ମନ ବଳାଇଥିଲି । ପରେପରେ 'ଶେଷନାଟକ' କବିତାଟେ ଲେଖିଲି । କିନ୍ତୁ ଏଥିରେ ବ୍ୟଂଜନା କମ୍ ଜଣାପଡ଼ିଲା । ଏଣୁ ତାକୁ କାଟିକୁଟି ଲେଖିଲି 'ଶେଷରାତି' । ପୁଣି 'ଶେଷରାତି'କୁ କାଟି ଲେଖିଲି 'ଶେଷରାତିର ନାଟକ' । ତଥାପି ମନ ଭରିଲା ନାହିଁ । ପୁନର୍ଜନ୍ମ ଓ ପୁନର୍ମୃତ୍ୟୁ ସମ୍ଭାବନା ଓ ସୁନିଶ୍ଚିତିକୁ ନେଇ ଗଢ଼ିଲି- 'ଶେଷରାତି, ନୂତନ ନାଟକ' ନାମକ କବିତା । ଏହା ପଛରେ ରହିଛି ସମଗ୍ର As You Like It ସୃଷ୍ଟିର ପ୍ରଚ୍ଛନ୍ନ ପ୍ରେରଣା । ବିଶେଷକରି Shakespeareଙ୍କ ଏଥିରେ ଥିବା 'All the World's a Stage' କବିତାଟିର ପ୍ରଭାବ ସର୍ବାଧିକ ବୋଲି ମୋର ମନେହୁଏ । ଏହିପରି ଅନେକ କବିତାର ପ୍ରଭାବରେ ମୁଁ ଲେଖିଥିଲି ଅନେକ କବିତା । ତା' ଛଡ଼ା ସ୍ୱତଃପ୍ରବୃତ୍ତ ଭାବେ ମୁ ମୃତ୍ୟୁ ଚେତନାକୁ ନେଇ ଏକାଧିକ କବିତା ସେ ସମୟରେ ଲେଖିଥିଲି । ତା'ରି ସଂକଳନ ହେଉଛି ଏଇ ପୁସ୍ତକ ।

କବିତା କ'ଣ ହୁଏତ ଜାଣିନଥିଲି ଏସବୁ ଲେଖିଲାବେଳେ । କାରଣ ଏଗୁଡ଼ିକର ରଚନା ବେଳକୁ ମୋ'ର ବୟସ ତେର କି ଚଉଦରୁ ପନ୍ଦର-ଷୋହଳ ହେବ । ଏଣୁ ସୁଧୀ ପାଠକମାନେ ଏଗୁଡ଼ିକୁ ଲେଖକର ଭାବନାର ଶବ୍ଦରୂପ ବୋଲି ଭାବିନେବେ ବୋଲି ଅନୁରୋଧ । ମୋର ବି ଏଇୟା ଧାରଣା ଯେ, କବିତା

ଆବେଗ ଆଉ ଭାବନାର ବ୍ୟାପର ମାତ୍ର । ଶବ୍ଦମାନେ ତା'ର ସିନ୍ଦୁକ । ଶବ୍ଦ କେତେ ପ୍ରଗଲ୍‌ଭ ହେବ ସେ କଥାର ବିଚାରଶକ୍ତି ମୋର ନାହିଁ । ଥିଲେ ହୁଏତ ଆଉ କିଛି ହୋଇଥାଆନ୍ତା । ତେବେ ମନକୁ ଯାହା ଆସିଛି ଲେଖିଛି । ଏହା ଉତ୍ତରରେ ଉତ୍ତରଦେବା ଦାୟିତ୍ୱ ଆପଣମାନଙ୍କର । ଆଶା ଓ ବିଶ୍ୱାସ ଯେ, ଓଡ଼ିଆ ସାରସ୍ୱତ ଜଗତରେ ଏହି ସବୁ କବିତା ଅଦ୍ୱିତୀୟ ହୋଇ ନପାରିଲେ ସୁଦ୍ଧା ଅଥବା ସାରସ୍ୱତ ଜଗତକୁ ସମୃଦ୍ଧ କରିନପାରିଲେ ସୁଦ୍ଧା ନିଶ୍ଚିତରୂପେ ସୁଧୀ ଓ ସାଧୁଜନଙ୍କୁ ଆନନ୍ଦ ବର୍ଣ୍ଣନ କରିବ । କିମଧିକମ୍ ।

ନିଉକଲୋନି,
ସୋର, ବାଲେଶ୍ୱର, ଓଡ଼ିଶା
ତା୧୪.୦୬.୨୦୦୬ରିଖ

ଲେଖକ
ସନ୍ତୋଷ କୁମାର ନାୟକ

ଅନୁକ୍ରମ

ଶେଷଚିଠି	୧୭
ସମୁଦ୍ର	୨୭
ଅଲୋଡ଼ା ଏଲିଜି	୩୬
ତମେ ଆସିଗଲେ	୩୯
ଋତୁସ୍ରାବ	୪୫
କସ୍ତୁରୀ ମୃଗ	୬୪
ବତୀଘର	୭୧
ଭଙ୍ଗା ଓ ଜୁଆର	୭୫
ଷ୍ଟେସନ୍	୮୧
ଶବ୍ଦ କ୍ରୀଡ଼ା	୯୧
ଭୀମା ଧୀବର	୧୦୦
ଜେଜେବାପା	୧୦୬
ସୂର୍ଯ୍ୟ	୧୧୦
ରାତି	୧୧୭
ଶେଷରାତି, ନୂତନ ନାଟକ	୧୨୧
ନଦୀର ନକ୍ସା	୧୩୦
ସଂଗ୍ରହାଗାର	୧୩୮
ମାତୃତ୍ୱ	୧୪୩
ବିଜନବେଳା	୧୪୯
କଳାଡିହ	୧୫୭
ବିଶ୍ୱରୂପ	୧୬୪

ଶେଷଚିଠି

ପ୍ରିୟତମା,
ତୁମପାଇଁ, ମୋ' ପାଇଁ
ଆମ ଦୁଇଜଣଙ୍କର ଏକ ଆତ୍ମା ପାଇଁ
ପ୍ରେମିକପଣର ମୋ'ର କର୍ତ୍ତବ୍ୟ ଓ ପ୍ରତିଦାନ ପାଇଁ
ମୋ' ପାଖରେ କିଛି ନାହିଁ
କିଛି ହେଲେ ନାହିଁ ॥

ତୁମେ ଓ ମୁ ଚୁମ୍ବକର ବିପରୀତ ମେରୁ
ଦକ୍ଷିଣ ମୁ ଉତ୍ତର ତୁମେ
ଲିଂଗସିନା ଭିନ୍ନ ଆମ, ଭିନ୍ନ ସିନା ମେରୁ
ରହିଛି ଅନ୍ୱିତି ପୃଥ୍ୱୀ ଉଦର ଭିତରୁ
ସେଥିପାଇଁ ଜୀବନରେ
ଯେତେଥର ଦଂଶନରେ, ବିଷାକ୍ତ ଚୋଟରେ
ସମୟର ଦନ୍ତାଘାତ, ଛୁରାଘାତ ପରେ
ଶତବାର ଭାଂଗିରୁଜି ଯୋଡ଼ିବା ଉତ୍ତାରେ
ତୁମେଥାଅ ମୋ'ପରି
ଆତ୍ମା ପରି, - ଆତ୍ମୀୟ ପରି
ଡାକୁଥାଅ ନିଜପାଶେ,
ହାତଠାରି, ଆଖିଠାରି, କରୁଣ ଆତ୍ମାରେ
ତୁମର ଓଢ଼ଣା, ଛାତି, ବିଚ୍ଛୁରିତ ଇଚ୍ଛାକୁ ବିସ୍ତାରି ॥

ମୁ ତ ଛାର ଅସ୍ଥିର, ଅଥର୍ବ
ମୁ ହୁଏ ଚଞ୍ଚଳ ପୁଣି ଧୀରସ୍ଥିର
ପୁତ୍ତଳିକା ପରି,
ବିଧିକୁ ଆଦରି ଆଉ
ସମୟର ନୀଳବର୍ଣ୍ଣ ପଦଚିହ୍ନ ଆସ୍ତେ ଅନୁସରି
ତୁମରି ଡାକରା ଆଉ ତୁମ ସ୍ନେହ ପ୍ରେମ
ତୁମରି ଅସୀମ ପ୍ରୀତି,
ନୀଳ ଆତ୍ମା, ନୀଳ ହାତ, ନେଳିଆ ପାପୁଲି
ତୁମ ନୀଳ ହସ ଆଉ
ଗଭୀର ଅନନ୍ତ ତୁମ ନୀଳ ଆଖି ପାଇଁ
ମୋ'ର ସେ ପ୍ରାଚୀନ ଇଚ୍ଛା
ମୋ ସିନ୍ଦୁକ-ଫଗୁଆ ଭିତରେ ଥିବା
ନୀଳଇଚ୍ଛା ନେଳିଆ କାମନା
ତୁମରି ଓଢ଼ଣା ଆଉ ତୁମରି ପାଉଣା-
ସବୁପାଇଁ, ତୁମ ପାଇଁ, ସବୁକିଛି ପାଇଁ
ନାହିଁ ନାହିଁ କିଛି ନାହିଁ ଜମା କିଛି ନାହିଁ
ବିଶ୍ୱର ନିଃସ୍ୱତମ ପ୍ରେମିକ ପ୍ରବର ମୁହିଁ
ବେଦରଦୀ ବେପରୁଆ, ବେଖିଆଲି ସତେ
ଯାହାଠାରେ ଦେବାପାଇଁ କିଛି ନାହିଁ
କିଛି ହେଲେ କିଛି ସତେ ନାହିଁ ॥

ତୁମକୁ ମୁ କେବେହେଲେ ଦୋଷ ଦେବି ନାହିଁ।
କେମିତି ବା ଦେବି !
କ'ଣ ବା କହିବି ?
ମୋ'ର ତ ଆତ୍ମା ନାହିଁ ଦେହ ଏବି ନାହିଁ।

ବୈଦେହୀ ହୋଇ ଆସିଲ ଯେ
ଜାଣୁଜାଣୁ ସ୍ଥାଣୁ ହୋଇ ଅଥର୍ବଟେ ହୋଇ
ରହିଗଲି ନେପଥ୍ୟରେ, ପ୍ରଜାପ୍ରିୟ ହୋଇ
ଝାଡ଼ିଝୁଡ଼ି ସଫେଦ ଚେହେରା ପାଇଁ
ପରିଚୟ ପାଇଁ
(କେତେ ବେଦରଦୀ କେତେ ସ୍ୱାର୍ଥପର ହାୟ !)
ତଥାପି ଭାବିନ କେବେ ଖରାପ ବି ମତେ,
(ସତେ ମତେ ତୁମେ ପ୍ରିୟା ଭଲପାଅ କେତେ !)
ଯେଣୁ ମନ- ଆତ୍ମା ନେଇ,
ପୁଣି ତୁମେ ଆସିଲ ଲେଉଟି
ରାଧା ହୋଇ, ପ୍ରିୟା ହୋଇ
ମୋ ମନର ମୋ' ଆତ୍ମାର ପ୍ରିୟତମା ହୋଇ,
ତଥାପି ମୁ ଜାଣିଲିନି
ପାରିଲିନି ଚିହ୍ନି-
ପୁରୁଣା ରୂପକୁ ତୁମ ପାଇଲିନି ଖୋଜି
ବେଦରଦୀ, ବେରେହେମ୍ ରସିକଟେ ପରି
ଚାଲିଗଲି ଭାଂଗିଦେଇ
କଅଁଳିଆ ମନ ତୁମ
ଆକାଂକ୍ଷାର ସ୍ମୃତିଘର ତୁମ
ତୁମ ହାତ ଶୂନ୍ୟକରି, ମନ ତୁମ ମାରି
ସ୍ୱପ୍ନକୁ ଆଖିରେ ନେସି, ଆକାଶରେ ନେସି
ବାହିବାକୁ ତରୀ ମୋର
ପୁରୁଣା ଆତ୍ମାର ॥

ଶୂନ୍ୟହୋଇ ଫେରିଛି ମୁ ବେରସିକ ଆଜି
ପଡ଼ିଛି ମୋ ପଦାଘାତେ
ସ୍ମୃତିସବୁ, ଦିନ ସବୁ ଭାଜି,
ଆଜି କିନ୍ତୁ ହାତେ ନାହିଁ
ତୁମ ହାତ, ଆଖି ଆଗେ ନାହିଁ ତୁମ ହସ
ସେଦିନର ବେରସିକ, ବେଦରଦୀ
ପ୍ରେମିକ ପ୍ରବର
ଆଜି କିନ୍ତୁ ଖୋଜିଚାଲେ ଶୁଖିଲା ସୈକତେ
ଖୋଜିଚାଲେ ତୁମକୁ ମୋ ନିରୋଳା ନିଃଶ୍ୱାସ
ଖୋଜିଚାଲେ ଧ୍ରୁବତାରା,
ଆଖିସାରା, ଆକାଶ ଟା ସାରା
ତୁମରି ଓଢ଼ଣା ତଳେ
ତୁମ ଓଠ, ଆଖି ଆଉ ଆତ୍ମାର ଇସାରା ॥

ସବୁଠାରୁ ଶେଷ ସୁର, ଶେଷ ରଂଗଲେପି
ତୁମହାତେ ହାତ ଆଉ ପାଦେ ପାଦ ଥାପି
ଯାପିବି ଦିଗନ୍ତପାରେ
ନୀଳବର୍ଣ୍ଣ ପୃଥିବୀରେ
ଉତ୍ତର ସପ୍ତମରତୁ ତଥାପି ତଥାପି
ଛାତିରେ ସ୍ମୃତିକୁ ଯାପି ଅତୀତର
ଆମ ପୃଥିବୀର,
ମୁହଁରେ ଆତ୍ମାରେ ବୋଲି ତୁମରି ଅବିର
ଯୁଗବ୍ୟାପୀ ରହିଥିବା ଗୋଟିଗୋଟି ସବୁ ଆତ୍ମା
ସମସ୍ତ ଛବିର ॥

ଏଣୁ ତୁମେ ଆସ
ଶେଷ ଶବ୍ଦ ସରୁ ସରୁ
ମୋ'ଓଠରୁ, ମୋ'ରି ଆତ୍ମାରୁ
ଦେହହୀନ, ମନହୀନ, ରଂଗହୀନ, ରସହୀନ
ଜୀର୍ଣ୍ଣ ଏ ଆତ୍ମାକୁ
ତୁମରି ଓଢ଼ଣାକାଢ଼ି, ପଣତଟା ପାରି
ନିବିଡ଼ ଆଶ୍ଳେଷେ ନିଅ
ଗହୀରରୁ ଗହୀରକୁ
ଏପାରିରୁ ସେପାରିକୁ
ଶୀତଳ ବରଫ ସ୍ପର୍ଶେ ସାଦରେ ଓଟାରି ॥

ଏହିପରି ତୁମର ଓ ମୋର
ମିଳନର ମଧୁପର୍ବ ଆରମ୍ଭିବ
ଶେଷ ହେବ ଗୋଟିଏ ଯୁଗର
ଉପବନେ, ପବନେ ବା ବନେ ବନେ
ନାନାସ୍ଥାନେ ବିହରିବା ଯା'ର ନାହିଁ ଶେଷ
ଏ ରୂପେ ଆଶ୍ଳେଷେ ତୁମେ ଆଦରିବ
ଏହା ମୋର ଅଖଣ୍ଡ ଓ ଆତ୍ମୀୟ ବିଶ୍ୱାସ ॥

ଇତି ତୁମ ଅପରାଧୀ-ବେରସିକ ପ୍ରିୟ,
ଯୁଗର ଯାତ୍ରାକୁ ସାରି
ଚାହେଁ ଯିଏ ସବୁବେଳେ
ତୁମ ସାଥେ ଶାଶ୍ୱତ ଅନ୍ୱୟ ॥

ସମୁଦ୍ର

ତମଛାତି ଏଡ଼େ ଯେ ବିଶାଳ,
ଏତେ ସ୍ନେହ ଆସକ୍ତିରେ ଭରା-
ସବୁ ନଦୀ ଟାଣି ହୋଇ
ତମ ଦେହେ ମିଶିବାକୁ ବାଧ୍ୟ ଓ ଆସକ୍ତ ॥

ନଦୀ ସବୁ ଧାଇଁ ଧାଇଁ ଏଠି ସେଠି,
କଚାଡ଼ି କଚାଡ଼ି ନିଜ
ଦେହ, ମନ, ଆତ୍ମାର ମୁର୍ଦ୍ଦାର
ବୁଲିବୁଲି ଲଗାମର ଇଚ୍ଛା ଓ ଆଦେଶେ
ପାଦକ୍ଳାନ୍ତ, ମନକ୍ଳାନ୍ତ, ଆତ୍ମାକ୍ଳାନ୍ତ,
ନିସ୍ତେଜ, ବିଷଣ୍ଣ ଆଉ ଅବସନ୍ନ ମୁହଁ ସାରା
ଫେଣ ବଲବଲ
କ୍ଳାନ୍ତି ଓ ବିଷାଦଗ୍ରସ୍ତ, କ୍ରୋଧ ଓ ଉନ୍ମାଦମୟ
ଶରୀରର ବୋଝ
ପାହାଡ଼ିଆ ରାସ୍ତାସାରା ଯେତେ ଖୋଲ,
ଆଉ ଢିପ-ଖାଲ
ସ୍ୱପ୍ନର ଘର୍ଷଣ ଆଉ ସଂଘାତର ଫଳ,
ଶତ ବଢ଼ି, ମରୁଡ଼ି ଉତ୍ତାରେ
ଚିତ୍କାର ରହିତ କଣ୍ଠେ ଏଇ ତା'ର ଅନ୍ତିମ ଅମଳ ॥

ଚାଏଁ ଚାଏଁ ବାଲିର ବୈଶାଖେ
ତଣ୍ଟି ତା'ର ଯାଏ ଯେବେ ଶୁଖି
ସମୁଦ୍ର... ସମୁଦ୍ର...ବୋଲି ଡାକମାରେ
ପୋଛି ଆଉ ବୁଜି ତା'ର ଗାଲ, ଓଠ-ଆଖି
ଏତେବେଳେ ଡାକ ଶୁଣି ସେ ନୀଳ-ସମୁଦ୍ର
ମା' ପରି ଛାତି ପାତି, ମେଲି ହାତ ବେନି,
ଆହା ବୋଲି ଡାକେ...
ନଦୀ ହସେ, ନଦୀ କାନ୍ଦେ
ଏତେବେଳେ କୋହଭରେ ଉଚ୍ଛୁରି ଉଚ୍ଛୁରି
ଧକେଇ ଧକେଇ ନଦୀ, ଗୁରୁଣ୍ଡି ଗୁରୁଣ୍ଡି
ସମୁଦ୍ରର କାନି ତଳେ ଲୁଚେ ସେ ନିର୍ବାକେ ॥

ଏହି ନୀଳ ସମୁଦ୍ରର ସ୍ନେହ
ହୁଏତ ବା ଲୁକ୍କାୟିତ ପ୍ରତିଟି ଢେଉରେ
ତା'ର ମମତ୍ୱର ମୁକ୍ତାର ପ୍ରବାହ
ସେଥିଲାଗି ଧାଉଁଥିବେ ସବୁ ନଦନଦୀ
ଡେଇଁ ସବୁ ଉଷର-ପ୍ରାନ୍ତର-ଗିରି ଆଉ ଖାଲ-ଢିପ
ପର୍ବତର ବାଡ଼-ବତା-ରୋଧି,
ସମୁଦ୍ରକୁ ନିଦ ନାହିଁ,
ଅପ୍ରମିତ ଭୋକ
ନିରନ୍ତର, ଅବିଶ୍ରାନ୍ତ ଥାଏ ତା' ପ୍ରବାହ ॥

ସବୁ ନଦୀ ଗୋଟି ଗୋଟି ତା'ଭିତରେ ଲୀନ
ସବୁ ନଦୀଙ୍କର ସବୁ ଯେତେ ଚିହ୍ନ, ବର୍ଣ୍ଣ ଓ ଅସ୍ତିତ୍ୱ
ଏ ସମୁଦ୍ର ବକ୍ଷଦେଶେ ସଭିଙ୍କର ମହା-ଉତ୍ତରଣ ॥

ନଦନଦୀ ଧାଇଁ ଧାଇଁ ମିଶିଯାନ୍ତି ସେଠି
ମିଶିବାକୁ ବାଧ୍ୟ ବି ସେମାନେ
କିଏ ମାଟି ତଳେ ତଳେ, କିଏ ଜଳ ଧାରେ
କିଏ ବା ଆକାଶ ମାର୍ଗେ, କିଏ ବାଲିଚରେ
ତହିଁରେ ତା'ସମେକନ, ତହିଁ ଉତ୍ତରଣ
ଗୋଟିଗୋଟି ସମସ୍ତ ନଦୀର,
ତହିଁ ନାହିଁ କି ମହାନିର୍ବାଣ ॥

ନଦୀ ଯୋଗୁଁ ସମୁଦ୍ରର ଜଳ ନୁହେଁ,
ନଦୀ ଯୋଗୁଁ ନୁହେଁ ତାର ସ୍ଥିତି,
ନୁହେଁ ତା'ପ୍ରବାହ, ଅବା ନୁହେଁ ତା'ର ଗତି
ତା'ପାଇଁ ରହିଛି ଖାଲି ପ୍ରତ୍ୟୟର
ଲବଣାକ୍ତ, ଅତ୍ୟାସକ୍ତ ନିର୍ନିମେଷ ସ୍ନେହ ଆଉ ସ୍ନେହ ॥

ସମୁଦ୍ରର ଜଳ ପରା ଲୁଣି ଆଉ ଲୁଣି
ତା'ର ବି ମୁହଁ ଅଛି, ଅଦେଖା, ଅଚିହ୍ନା
କିନ୍ତୁ ବଡ଼ ପରିଚିତ ବିଶାଳ ତା'ଓଠ,
ଗୋଟି ଗୋଟି ଦାନ୍ତ ଆଉ ଆଖି;
କାନ ତା'ର କ୍ଷିପ୍ର ଆଉ ତୀବ୍ର
ସେଇଠାରେ ସବୁ ନଦୀ ତୁନି,
ସମସ୍ତ ସନ୍ଧାନୀ ନଦୀମାନଙ୍କର ଆଶା-ଭରସାର
ରାଜଧାନୀ ଆଉ ରସଧାନୀ
ସେହିଠାରେ ଜମାଟ ତ ଯେତେସବୁ,
ନଦୀଙ୍କର ଉପନ୍ୟାସ ଓ ଆତ୍ମଜୀବନୀ ॥

ସମସ୍ତ ସକାଳ, ମଧ୍ୟାହ୍ନ ଓ ଅପରାହ୍ନ,
ଗୋଧୂଳିର ସ୍ମୃତି
ଏ ସମୁଦ୍ର ବକ୍ଷେ ତା'ର ବରଫର ସାଞ୍ଜୁ ଦେଇ
ରଖିଛି ସାଇତି ॥
ଯେତେବେଳେ ଶବ୍ଦ ସବୁ ହଜିଯାଏ
ନିଶବ୍ଦ ପଲକେ
ସମୁଦ୍ର... ସମୁଦ୍ର... ଡାକି ନଦୀସବୁ
ଆଖି ନିଜ ବୁଜି
ଉଡ଼ିଯାଇ ପାଇ ମିଶିଯାନ୍ତି, ଲାଖିଯାନ୍ତି
ସମୁଦ୍ରର ମହାଖୋଲ ତଳେ
ସେଇଠି ସମୁଦ୍ର ଆସେ,
ନେଇ ତା'ର ଆସକ୍ତ ପରଶ
ଆଗେ ହୁଏ ଉପଗତ, ମେଲି ପକ୍ଷବେନି,
ଆକାଶ-ନୀଳିମା ପରି
ସବୁ–ନଦ- ନଦୀ ଅବରୁଦ୍ଧ
ଉଦାସୀନ ସ୍ପର୍ଶରେ ତା'ହରିବାକୁ
ଜୀବନ ତମାମ ଥିବା
ନଦୀଙ୍କର କ୍ଳାନ୍ତି ଓ ବିଷାଦ ॥

ସମୁଦ୍ର ବି ରଖେ ନାହିଁ କିଛି
ଯେଣୁ ତା'ଉଦର ଦେଶ ବିରାଟ ଆକାଶ
ଏଣୁ ପରା ନଦୀଙ୍କର ହୁଏ ପୁନର୍ଜନ୍ମ ! !
ପୁଣି ନଦୀ, ପୁଣି ଏକ ବିଶାଳ ସମୁଦ୍ର
ଆଉ ଯେତେ ନାଟକର ଦ୍ୱନ୍ଦ୍ୱ, ଶ୍ଳେଷ, ଯବନିକାପାତ ॥

ଅଲୋଡ଼ା ଏଲିଜି

କାହିଁକି ବା ଖାଲିଟାରେ
ଲେଖିବ ମୋ' ଲାଗି ଗୋଟେ
ଶୋକବୋଳା ନୀଳାଭ ଏଲିଜି ?

କ'ଣ ବା ଅଛି ସେଥିରେ
କାହିଁକି ବା ଅଯଥାରେ
ସନ୍ତୁଳି ମରିବ କିଏ
ତୁଚ୍ଛାଟାରେ, ମିଛ କଥାଟାରେ ?

ସୁଯୋଗ ତ ଦିଅ ତାଙ୍କୁ
ଏମିତିରେ ସହଜରେ
ପୁରୁଣା କାନ୍ଥରେ ଲିପି
ମାଟି ଓ ଗୋବର
ଧୋଇ ପୋଛି କଳାପଟା, କାନ୍ଥବାଡ଼
ଆଇନା ଓ ମୁହଁ,
ଭୁଲିବାକୁ ଧୀରେ ଧୀରେ
ସବୁ ଛବି, ସବୁ ସେ କଥାକୁ... ॥

ତା'ପରେ ମୁ କ'ଣ ଏକା ହୋଇଯିବି
ସବୁଦିନ ପାଇଁ? ମୁ ପରା
ବୁଲିବି ତୁମ ହାତ ଧରି
ତୁମ ଛାଇ ପରି।
"ସବୁଥିରେ ମିଶୁଥିବି, ହସୁଥିବି
ବସୁଥିବି, ଉଠୁଥିବି, ଗୀତ ଗାଉଥିବି
ଏସବୁ ଭିତରେ କିନ୍ତୁ କେବେହେଲେ
ଦିଶୁ ମୁ ନଥିବି।"

କିଛି ତ ନଥିଲା ମୋର
ହଜିବାର ନାହିଁ ଥିଲା କିଛି
ଏଲିଜି କେମିତି ହେବ 'ପରିଣତି'
କବିତାର ମୋର
ବହୁଦିନ ବହୁବର୍ଷ ଖୋଜିଖୋଜି
ଯେଣୁ ଆଜି ତୁମକୁ ପାଇଛି ?

ତୁମେ ଆସିଗଲେ

ତୁମେ ଆସିଗଲେ
ମୋ ଭିତରେ କ'ଣ ହୁଏ
କହିବା ମୁସ୍କିଲ୍;
ଦେହ, ମନ ଓ ଆତ୍ମାର
ପ୍ରତିଟି କୋଷରେ
ବୋତଲରେ ପାଣିଭରି
ଉତୁରିବା ପରି
ଭରିଯାଏ ବିମଳ ଓ ବିଶୁଦ୍ଧ ବେପଥୁ ॥

ନୂଆ ବୋହୂଟେ ପରି ତୁମେ
ବସିଥାଅ ଓଢ଼ଣାଟା ଟାଣି
ତୁମକୁ ଦେଖିବା ଇଚ୍ଛା,
ପ୍ରଲୋଭନ, ଅଦମ୍ୟ ଆକାଂକ୍ଷା
ମୋ ଭିତରେ,
ମୋ ଭିତର ଆକାଶରେ
ଆକାଶର କାନ୍‌ଭାସ୍‌ପରେ
କ'ଣ ଯେ ଆଙ୍କେ
ମୁ ନିଜେ ବି ଜାଣେନା ॥

ସେଠି ସେତେବେଳେ
ଆଖି ଥାଇବି ମୁ ଅନ୍ଧ
କାନ ଥାଇ ବି କାଲ
ଓ ଚର୍ମ ଥାଇ ବି ନିଥର
ସେଠି ମୁ ଏକାବେଳେ
ପଙ୍ଗୁ-ଅଥର୍ବ-ଅଚଳ ଆଉ ଚଞ୍ଚଳ କୁରଂଗ ॥

ଏଣୁ ତୁମେ ଆସିଗଲେ
ରାତିଆସେ ଅବା ଦିନ ଆସେ
ମୋ ପକ୍ଷେ କହିବା ବଡ଼ ଦୁରୁହ ଦୁଷ୍କର ॥

ତୁମ ମୁହଁ କେମିତିକା ମନେନାହିଁ
(ହୁଏତ ବା ଦେଖିଥିଲି ଅନେକ ଆଗରୁ),
ଶୁଣିଛି ମୁ 'ଏମିତି....ସେମିତି...',
ତୁମେ କାଳେ ଲୋଭନୀୟା
ଦେଖିଛି ଯେ ଯାଇ ନାହିଁ ଫେରି
ତୁମେ ଆସ, ଆସ୍ତେ ଆସି ବସ
ଓଢ଼ଣା ଉତାରିବାକୁ ଗଲାପରେ;
ଉତାରିଲା ପରେ
ତୁମେ କିନ୍ତୁ ଦିଶନାହିଁ
ମନ ପରି ସମୀରଣ ପରି
କିନ୍ତୁ ତୁମେ ଅଛ ବୋଲି ଜଣାପଡ଼େ
ପୂରା ଜଣାପଡ଼େ ॥

ରାତିର ଅନ୍ଧାର ବୋଧେ
ନେସାଥାଏ ମୁହଁରେ ତୁମର
ଏଣୁ ଦେଖି ହୁଏନାହିଁ
ମାପି ମଧ୍ୟ ହୁଏ ନାହିଁ
ତୁମ ମୁହଁ, ତୁମ ରୂପ
ତୁମେ ଅବା କେତିକି ସୁନ୍ଦର
ଏମିତିବି ଜୀବନରେ ଦୁନିଆଟା
କେଉଁ ସତ କେଉଁବା ସୁସ୍ପଷ୍ଟ ?

ଏଣୁ ଏଇ ସୂର୍ଯ୍ୟୋଦୟେ
ଦେଖାହେବ ତୁମ ମୁହଁ, ମୋର ମୁହଁ
ହେବ ଆମ ସେବେ ଭେଟାଭେଟି
ତା' ଆଗରୁ ତୁମ ମୁହଁ
ତୁମେ ଅବା ଦେଖାହେବ
କେମିତି କେଉଁଠି ?

ଋତୁସ୍ରାବ

ଋତୁସ୍ରାବ
ଏକ ହାଲୁକା ଓ ଆର୍ଦ୍ର ଅନୁଭୂତି ।
ମିଛକୋହ,
ଜୀବନେ ଜମାଟ ଯେତେ
ମିଛରୀତି, ଅର୍ଥହୀନ ଗୀତି ଓ ବିକାର
ଜାକିଜୁକି, ମୋଡ଼ିମାଡ଼ି ଦ୍ରବୀଭୂତ କରି
ଅଶ୍ରୁପରି ବୋହିଯାଏ, ଧୋଇଯାଏ ସମସ୍ତ ବିକୃତି
ସବୁ ଅଶ୍ରୁ ମିଶି ସେ ସମୁଦ୍ର
ସବୁ ନଦୀସ୍ରାବ ଯାଇ ସେଠି ଏକାକାର
ତାହାସାଥେ ଅର୍ଥହୀନ, ରଂଗହୀନ ଘାଟେ
ଚରମ ଚୈତନ୍ୟ ଘେନି ଏ ଫଳ ପ୍ରସ୍ତୁତି ॥

ପୁଣି ଏପରି କି ସବୁବେଳେ ହୁଏ ଜୀବନରେ ?
ଏହା ଘଟେ ଜୀବନରେ ଥରେ,
ବନ୍ୟା ପରି ମାଡ଼ିଆସେ ଅଖବରେ
ପଣତ କାନିରେ ସବୁ ଦୁଃଖ, ଅବସୋସ
ଶୋଷିନେବା, ପିଇଯିବା ଲାଗି,
ପଣତ ମେଲାଇ ଯେତେ ଆବର୍ଜନା
ପୋଛିଦେବା ପାଇଁ ॥

ତା'ପରେ ଶୂନ୍ୟତା ସବୁ ଭିତର ବାହାର
ତା'ପରେ ବିକାରହୀନ ସବୁ ବ୍ୟବହାର
ତା'ପରେ ସଫେଦ ଆଉ ସଫେଦ ପଡ଼ିଆ
ତା'ପରେ ପଟୁର ସ୍ଥିତି, ଶୂନ୍ୟତା ଶୂନ୍ୟତା:
ତା'ପରେ ସେ ସମ୍ଭାବନା ଆସେ ବାରମ୍ବାର
ଏ ତା'ର ବେଭାର
ମୃତ୍ୟୁ ନାମେ ରକ୍ତସ୍ରାବ ଯେଣୁ ନାମ ତା'ର ॥

ରାଜା ଠାରୁ ପ୍ରଜା ଯାଏଁ, ଗୋଟିଗୋଟିଙ୍କର
ଋତୁସ୍ରାବ ହୁଏ ଦିନେ ଷଡଋତୁ ପରେ
ପାଣିପାଗ ବ୍ୟତିକ୍ରମେ ସବୁ ବ୍ୟତିକ୍ରମ
କିନ୍ତୁ ଏ ଋତୁର ସ୍ରାବ ନିହାତି ବୈତମ
ଯେତିକି ନିଶ୍ଚିତ, ପୁଣି ସେତିକି ଶାଶ୍ୱତ
ଅରୁନ୍ଧତୀ ତାରା ପରି ଧ୍ରୁବ ତାରା ପରି ।।

ତା'ଗୋପ, ମଥୁରା ଲୀଳା ସହିବାକୁ
ବାଧ୍ୟ ସର୍ବଜନ, କଂସର ସେ ବନ୍ଦୀଶାଳା,
ଅବା ସଖା ଉଦ୍ଧବର ବିଶ୍ରି
ତା'ନିର୍ଘଣ୍ଟ, ନିର୍ଦ୍ଦିଷ୍ଟ ସମୟ
ତା' ପାଦର ଓଜନିଆ ମରଣ ନୃତ୍ୟରେ
ଯେତେ କ୍ଷୟ, ଯେତେକ ବିଲୟ
ଯେତେକ ଅନ୍ୱୟ ସବୁ ବିଭୀଷିକାମୟ ॥

ଜୀବନର ରଂଗୀନ୍ ପାଖୁଡ଼ା ଯେତେସବୁ ଗୋଟିଗୋଟି
ଠୋପା ଠୋପା ଝଡ଼ିଯିବା ପାଇଁ
ସବୁରିଆଧାର ମୃତ୍ୟୁ, ସଫେଦ ବୃନ୍ତଟେ
ଯା'କୁ ଘେରି, ଲାଗି, ଭିଡ଼ି, ଆଶ୍ରାକରି
ସମସ୍ତ ସଂସ୍ଥିତି
ବହଳ ଅଠାର ଦୃଢ଼ ଆକର୍ଷଣ ବିନା,
ଅରଖ ଗଛର ଫୁଲ,
କଢ଼ି ସବୁ ଯେତେ
ଝଡ଼ିଯିବା ସବୁକିଛି ସାର ଓ ସଂଗତ
ଅନ୍ୱିତିର ପ୍ରାଚୀନ ଓ ଗତାନୁଗତିକ ସତ
ଇସ୍ତିକରା ସଫେଦ ଫର୍ଦ୍ଦଟି ॥

ଜୀବନ ଫଂଜେରା ଫାଟେ
ବିଞ୍ଛିଯାଏ ନିବୁଜ ସିନ୍ଦୁକ ଖୋଲି ସିନ୍ଦୂର ଓ ଧୂଳି
ବୋରିଯାଏ ସମୁଦ୍ର—ନଦୀର ଦେହ, ସାରା କପାଳରେ
ମେଘସବୁ ଗୋଟିଗୋଟି କାଳିଆ ବୋଇତ,
ନିଦା ଓ ଚଉଡା ମେଘ ସବୁ ଲୋଚା–କୋଚା
ତା' ଭିତରେ ବାହାରେ ସବୁଠି
ଏପାଖ-ସେପାଖ ବ୍ୟାପୀ ଆଖି ଯାଏ ଲମ୍ବି ଯେତେଦୂର
ଲାଲିମା ଶେଯରେ ଖାଲି
ନିଦା ଓ ହାଲୁକା ଏକ ପରିଚୟହୀନ
ସୁଶୀତଳ ସମୀରଣ ଛାଇଟିଏ ଛଡ଼ା ॥

ସେମିତିକା ମୁଣ୍ଡଫଟା, ଭେଜାଲ୍ ଅବିର ଅବା
ବାର୍ଣ୍ଣିସ୍‌ର ଭୟ ଏଠି ନାହିଁ। ମୁହଁରେ ବୋଲି ହେଲେ କାଲେକିଛି
ପ୍ରତିକ୍ରିୟା ହେବ ! ଆଦୌ ନୁହେଁ
ଛାଇ ପୂରା ଛାଇ,
ନାହିଁ ସେଠି ରୂପ-ରଂଗ, ନାହିଁ ସେଠି କେହି
ଅଥବା କାହାରି ମୁହଁ ଆଇନାର ଛବି ॥

ସେ ପାଣିରେ ନଥାଏ କେଉଁଠି କିଛି
କାରଖାନା ଫର୍ଣ୍ଣେସ୍ ପାଉଁଶ
ନାହିଁ ସେଠି ଗୋଳିଆମି ପଣ
ବଉଳା କୁମ୍ଭୀର ଗୋଟେ ଚରିବୁଲେ ସେଠି
ଆଁ କରି ମେଲାକରି ପାଟି
ଅନ୍ଧାରରେ ଛାଇସବୁ ମାଛଙ୍କର
କେତେବେଳେ କେଉଁପରି ପଶେ ତା'ପାଟିରେ
ଅନ୍ଧାର ଛାଇରେ ନାହିଁ ସେସବୁର ଠାବ କି ଠିକଣା ॥

ବଉଳା ଗାଈର ପାଦ କେତେଥର ଖସିରିଛି ସେଠି
କେତେ ହମ୍ବା ରଡ଼ି ସେଠି ଶୁଭିଛି ସେମିତି,
କଥାହେଲା, ସବୁକିଛି ମିଳାଇ ଦେବାର ଶକ୍ତି
ସେ ଜଳରେ ଅଛି ॥

କଅଁଳା ବଉଳା ଛୁଆ, ଅରଣା ଶାବକ,
ଶତ ଶତ ମାଛରଂକ ବୈଷ୍ଣବ ବକ
ସବୁ ସେ ଜଳରେ ଲୀନ ଛାଇପରି,
ସୂର୍ଯ୍ୟପରି ସଂଧ୍ୟା ଆଗମନେ,
ବିଛଣା ଚାଦର ପରି ଛାଇସବୁ ଘୋଡ଼ିପଡ଼ି
ଶୀତଦିନେ, କାତିଛଡ଼ା ଦେବାପରି-ଆସ୍ତେ ଯା'ନ୍ତି ହଜି ॥

ନାହିଁ ସେ ଜଳରେ କିନ୍ତୁ ଦୁଃସ୍ଥ କୀଟନାଶକର ବିଷ:
ଏଠି ଖାଲି ଜ୍ୱାଳାହୀନ ଉଜ୍ଜ୍ୱଳ ପ୍ରଶାନ୍ତି
ଏଠି ଖାଲି ପ୍ରାଚୀନତା, ବୀଣାତଂତ୍ରୀ ସାମ
ଆକାଶ ପଲମ ଏଠି, ସୂର୍ଯ୍ୟପାଇଁ, ଆମଲାଗି ଆଖିପତା ସମ
ସବୁ ଜ୍ୱାଳା, ଯନ୍ତ୍ରଣାର ଶେଷ ଏଠି
ଅନ୍ଧାର ଆଞ୍ଜୁଳା ଭରା ଏ ଜଳ ତ ଅମୋଘ ମଲମ ॥

ଏ ଫଂଜେରା ଫାଟିବାରେ ମହାନନ୍ଦ ଅଛି ।
ଏହାରି ପଛରେ ବୁଦ୍ଧ, ଜୀନ ଆଉ ଯେତେ ମହାପ୍ରାଣ,
ଏହାରି ପଛରେ ସାରା ଜଗତର ଧ୍ୟାନ
ସବୁ ମହାଜନ ଆଉ ସାଧାରଣଙ୍କର
ଏହି ସେହି ଲକ୍ଷ୍ୟସ୍ଥାନ, ଆଲୋକର ଲୋକ
ଏହି ସେହି ସିତ, ଶାନ୍ତ, ବିମୁଗ୍ଧ ଗୋଲୋକ
ଏଠି ମୃତ୍ୟୁ ଖାଲି ଏକ ଦ୍ୱାରପାଳଟିଏ
ଏଠି ମୃତ୍ୟୁ ନାଚେ ମଧ୍ୟ ମଜ୍‌ଗୁଲ ହୋଇ
ସୋମରସ ଇସାରାରେ ମୃତ୍ୟୁ ନାଚେ ସେଠି
ଛାଇ ସାଥେ ଛାଇ ହୋଇ
ବଂଶୀସ୍ୱରେ, ପାଦେ ପାଦ ଥାପି
ଏଇଠି ସେଇଠି ଆଉ ସାରା ମଞ୍ଚ, ନେପଥ୍ୟ-ସବୁଠି
ଆକାଶ ଆକାଶ ଜହ୍ନ ସଫେଦ ପୃଥିବୀ ॥

ସୁବଳ, ସୁଦାମା ସାଥେ କୃଷ୍ଣ ରୂପେ ଅକ୍ରୂର ସାଥେ
ରାସଲୀଳା ନାଚ ପରି ଆମେଥିବା ସେଠି
ମୁଁ ଥିବି, ତୁମେ ଥିବ, ମୋ ବନ୍ଧୁ ଓ ସଖା ସାଥେ
ପରିଜନ ସବୁ, ମୁଖାକାଢ଼ି, ଛାଇପରି
ଅଚିହ୍ନା ଅଜଣା ଓଠେ ହସହସ
ନାଚ ନାଚୁଥିବା, ଢେଉର ସୁଅରେ
ସମସ୍ତ ପୂର୍ବଜ ପରି, ଜହ୍ନ, ତାରା, ସୂର୍ଯ୍ୟ, ଗ୍ରହ ପରି ॥

ଅଶ୍ରୁ ଆଉ ଋତୁସ୍ରାବ ଏକାପରି; ଏକ ଅନ୍ୟ ପରି ।
ଦୁହେଁ ଯା'ନ୍ତି ବହି ବହି, ଧୋଇ ଧୋଇ
ସହରର, ଗାଁ ଟାର ସବୁ ଆବର୍ଜନା
ତାଙ୍କର ଉତ୍ତପ୍ତ ଆଉ ଶୀତଳ ପରଶେ
ଧୋଇଯାଏ ଭିତର ବାହାର ॥

ଜହ୍ନ ଓ ପୃଥିବୀ
ଆକାଶରୁ ଧୋଇଯାଏ, ବୁଡ଼ିଯାଏ ରବି:
ମତୁଆଲା ତାରା ଗହଣରେ
ଆକାଶରେ ଖଟିଖଟି ସାରାଦିନ କୋଇଲା ଖଣିରେ
ସଂଜବେଳେ ଯକ୍ଷ୍ମାରୋଗେ କାଶେ
ରାତି ଆସେ, ଅନ୍ଧକାର ଆସେ
ଆରଦିନ କାନ୍ଥପରି ଝୁଲାଶବ
ଝୁଲୁଥାଏ ନିଶବ୍ଦରେ ମଥାପରେ
ସେ ରବିର, ସାରାଦିନ ଛବି ଖାଲି ଛବି ॥

ମୃତ୍ୟୁର ମହିମା ବଡ଼ ଆଶ୍ଚର୍ଯ୍ୟ ବ୍ୟାପାର
ସତେ ଅବା ଅମର ସେ ଶାଶ୍ୱତ ଦଧୀଚି
ଅନେକ ତପସ୍ୟା ଆଉ ଅପେକ୍ଷାର ଫଳେ
ଯକ୍ଷ୍ମାର ବୀଜାଣୁ ଘୋଟି ସମଗ୍ର ଯକୃତେ
ପୂରିଯାଏ ସମଗ୍ର ଆକାଶ
କାଶଫୁଲ, ଘାସଫୁଲ- ଆଉ ତାଙ୍କ କାଶେ
ବଜ୍ରର ନିର୍ମାଣ ସାଥେ କଂପନ-ପୀଡ଼ନ
ସବୁ ଶେଷ, ସବୁରି ନିକାସ
ବୀଶର ବିଶାଳ ଡେଣା, ସବଳ ବିଶ୍ୱାସେ
ସୂର୍ଯ୍ୟପରି ଚନ୍ଦ୍ରପରି ସବୁହୁଏ ଦିନୁଦିନ କ୍ଷୀଣ ॥

ଏମିତିବି ଅନେକ ତପସ୍ୟା ପରେ
ଉପଗତ ହୁଏ ଋତୁସ୍ରାବ
ଚନ୍ଦ୍ରାନନ ଅନାଇ ରହିଲା ପରି
ଧୋଇବାକୁ ଗ୍ଲାନି ଯେତେ, ଅବସାଦ ଯେତେ
ଖେଦ ଓ କ୍ଲେଦରେ ଭରା ମନ ଆଉ ଆତ୍ମା
ଦେହର ବିଷାଦ ଯେତେ
ଧୋଇବାକୁ, ପୋଛିବାକୁ ପାପ ସବୁତକ ॥

ଯା'ପରେ ରହିଛି ଏଠି ସିନ୍ଦୁରାର ସ୍ନେହ
ବିଧୌତ, ପ୍ରଧ୍ମାତ ଆତ୍ମାଟିର ସୁ-ବିଜୟ
ପ୍ରକୃତି କୋଳରେ ଏହା ଚିରଧେୟ ପ୍ରେୟ,
ଅନ୍ୱିତିର ପାଦଚିହ୍ନ
ଅଜ୍ଞାତେ ଅଥଚ ଏହା ସର୍ବଶ୍ରେଷ୍ଠ ରୟର ପ୍ରତ୍ୟୟ ॥

ଶ୍ରାବଣର ଧାରା ସ୍ରାବ ପରି
ବସନ୍ତର ବଂଶୀସ୍ୱର, ଶରତ ଆକାଶେ
ପକ୍ଷବିଂଚି ପୁଷ୍ପକ ରଥରେ
ବୈଶାଖର ବରବର୍ଣ୍ଣ ଆଭାରେ ପ୍ରଯୁକ୍ତ
ଦ୍ୟୁତିପୂର୍ଣ୍ଣ—କୈଳାସ ବା ହିମାଳୟ ସଫେଦ ବରଫ
ଆସ୍ତେ ଛୁଏଁ ଗଳା ଓ ଛାତିକୁ
ଶୀତଳ ଛୁରୀଟେ ପରି ସାରାଦେହେ ଚାଲେ
କାକର, ଶିଶିର ଆଉ ହିମକଣା, ଆଲୁଅ ତୁଷାର
ପୃଥିବୀରେ ଛାଇଯାଏ ଚାରିଆଡ଼େ ଋତୁସ୍ରାବ ପରେ
ସମଗ୍ର ପୃଥିବୀ ସେଠି ଦିଶୁଥାଏ,
ଶୁଖିଲା ତୁଷାର ଭରା ସଫେଦ ପଡ଼ିଆ ॥

ସବୁ ଋତୁ ସରିଯିବା ଗୋଟିଗୋଟି କରି
ସ୍ୱାଭାବିକ୍ ଅତି । ଠିକ୍ ସେଠି ତା'ପରେ
ଋତୁସ୍ରାବ ହେଲାପରି ସିଧା ଉପଗତ ହୁଏ
ସକାଳ ଶେଷରେ ସେଇ ଦ୍ୱିତୀୟ ବିଚାର,
ସରିଥାଏ ଆରମ୍ଭ ଓ ଶେଷ ଋତୁସ୍ରାବ
ଫଏସଲା ଶୁଣାଯାଏ ଯେବେ
ତୃତୀୟ ପୃଥିବୀ ହୁଏ ଉପଗତ ଆଗେ,
ତା'ରୂପ-ରଶ୍ମୀର ସେଠି ପ୍ରଗାଢ଼ ପ୍ରଭାବ
ରସ ସେଠି ଶେଷ ହୁଏ, ରାସ ହୁଏ ଶେଷ
ମଣିଷର ଶେଷଗୀତି ପରେ,
ମରଣର ନାଚ ଆଉ ଗୀତ
ଅସରା ସୁରରେ ବାଜେ, କ୍ରମଶଃ କ୍ରମଶଃ
ଶେଷହୁଏ, ଗୋଟିଗୋଟି-
ବିଭାବଙ୍କ ଅନୁଭାବ, ବ୍ୟଭିଚାରୀ ଭାବ ॥

କସ୍ତୁରୀ ମୃଗ

ମୁ ଜାଣିଛି ଯେ ମୁ ଗୋଟେ କସ୍ତୁରୀମୃଗ ବୋଲି ॥

ମୋ ଜୀବନ ତମାମ ଯୁଦ୍ଧ, ସଂଘର୍ଷ
ଆଉ ପରାଜୟ,
ଅଂଗଚ୍ୟୁତି ମୋର ଏକ ବରାବର ଘଟଣା
କିନ୍ତୁ ଏ ମନଟାକୁ
ଖସାଇ ପାରୁନି ମୋ ଦେହରୁ
ମୋ ମଥାରୁ କି ମୋ ଛାତିରୁ ॥

ଆଜି ଦିବସର ଶେଷ ମୁଣ୍ଡରେ ଛିଡ଼ାହୋଇ
ମୁ ଉପଲବ୍ଧି କରୁଛି ମୋ ନିଜକୁ
ମୋ ଭିତରକୁ। ମୁ ଆଜି
ଜାଣିପାରୁଛି ଯେ, ଯାହାଠାରୁ ମୁ
ନିଜେ ଧାଉଁଥିଲି, ପଳାଇଯିବାକୁ ଚାହୁଁଥିଲି
ସେ ଆଉ କିଛି ନୁହେଁ, ମୋ ନିଜର ଅସ୍ତିତ୍ୱ,
ମୁ ପଳାଇଯିବାକୁ ଚାହୁଁଥିଲି
ମୋ' ନିଜଠାରୁ
ଆହୁରି ଆତ୍ମୀୟ ଲୋକଟାଠାରୁ ॥

କେତେ ଯେ ଦୂର ଧାଁଇଛି
କେତେ କ୍ଷୀପ୍ରରେ ଧାଇଁଛି ଜଣାନାହିଁ
କିନ୍ତୁ କିଛି ଫଳ ହୋଇନି
କାରଣ
ସେ ତ ବସିଥିଲା ମୋ'ରି ଉପରେ
ମୋ ଛାତିର କୋଣରେ, କୋଠରୀରେ
ଏଣୁ କେମିତି ବା ଦୂରେଇ ଯାଇଥାଆନ୍ତି
ମୁ ନିଜେ, ତା'ଠାରୁ ?

ତୁମେ ଅଛ ମୋ ଭିତରେ
ମୋ ଅନ୍ତର ତଳେ
ମୁ ତୁମକୁ ଖୋଜିବୁଲେ
ସାରା ଜଂଗଲରେ ଆଉ
ଆକାଶରେ, ଆଖରେ ପାଖରେ ॥

ତୁମେ ଅଟ ଚୁମ୍ବକରେ ମହାଅନୁଭବ
ତୁମେ ତ ଶାନ୍ତିର ସତ୍ତା, ମହକ ମୋହର
ତୁମେ ଥିଲ ମୋ ଭିତରେ ଗୋଳେଇ ମିଳେଇ
ତୁମେ ଥିଲ ଚିତ୍ରପରି ମୋ ରଂଗ ତୂଳୀର
ମୋ ଆତ୍ମାର ନିଶ୍ୱାସରେ ତୁମେ ରହିଥିଲ
ତୁମରି କୃପାରେ ଏତେ
ଭୟ ଓ ଯନ୍ତ୍ରଣା
ତୁମରି କୃପାରେ ଏତେ
ସୁଖ ଓ ଆନନ୍ଦ
ତୁମେପରା ନିଜ ନିଜ ପ୍ରାଣ ନିଅ
ନିଜେ ମାରି ନିଜ ପାଦେ ତୀର
ତୁମେ ବି କେମିତି ଲୋକ
ତୁମେ ନିଅ କଳାସବୁ, ଗୁଣ ସବୁତକ
ଅର୍ଜ୍ଜୁନ ମଧ୍ୟରେ ରହି, ତାକୁ ଆଣି
ପୁଣି ତମେ ଛୁଅଁ
ତୁମେ ଯାଅ ଦୂରେ ଦୂରେ
ଆମଠାରୁ ତୁମରି ପାଖକୁ
ତୁମେ ଯାଅ ଲୀନହୋଇ ଆପଣା ମଧ୍ୟରେ
ଫୁଟିଉଠେ, ଜ୍ୟୋତିର୍ମୟ କୌସ୍ତୁଭ ମଣି ॥

ମୁ ଖୋଜେ ନିଜକୁ ସାରା ଜୀବନଟା
ତୁମକୁ ବି ଖୋଜେ ଏଠି ସେଠି
ମୋ ପାଖେ ଥିଲ ଯେ ତମେ
ମୋ ଭିତରେ
ଆଜି ଶେଷେ ଏଠାରେ ଜାଣୁଛି ॥

ମୋ ଭାଗ୍ୟ ବିମର୍ଷ କେତେ
ପାରିଲିନି ତମକୁ ମୁ ଚିହ୍ନି
ମୋ ଭାଗ୍ୟ ସୁନ୍ଦର କେତେ
ମୋ ଉଦରେ ଥିଲାଯେଣୁ
ତୁମର ବସତି
ତଥାପି ମୁ ଡାକୁଥିବି
ସବୁଦିନ ପରି
ହିରଣ୍ୟକଶ୍ୟପ ପରି ଛାତି ନୃସିଂହ ରୂପରେ
ମୋ ଉଦର ଚିରିଦେଇ
କସ୍ତୁରୀ ଓ କୌସ୍ତୁଭ
ଗୋଟିଗୋଟି ସବୁଦିନ ଦେବାକୁ ଦେଖାଇ ॥

ବାହାରେ ବା ଥିଲେ ମୋର
ହୁଅନ୍ତି ମୁ ପାଇବାକୁ ତୁମକୁ ସକ୍ଷମ
ତୁମେ ତ ଭିତରେ ଅଛ ଆତ୍ମାପରି
ଅନୁଭବ ପରି
ତୁମକୁ ପାରିବି ଖାଲି ଅନୁଭବି
ଇଚ୍ଛାପରି ଆତ୍ମା ପରି
ମୋର ଏ ମରମ ॥

ବତୀଘର

ଦିନରେ ସମୁଦ୍ରକୁ ଗଲେ ଫେରିଆସୁ
କିନାରାକୁ ସୂର୍ଯ୍ୟ ଇସାରାରେ ।
ସୂର୍ଯ୍ୟ ଯେଉଁ ଦାଉଦାଉ ଜଳୁଥାଏ
ଆମକୁ ଦେଖାଇ ବାଟ ଫେରିବାର
ତା'ଠାରେ ବା ହଜିବା କିପରି ? ?

ହଜିବାର ଭୟ କିଛି ନାହିଁ
କାରଣ ଫେରିବା ବାଟ ତିଆରିବା ଈଶ୍ୱରଙ୍କ କାମ,
ଆମ କାମ ସମୁଦ୍ରକୁ ଯିବା ॥

ଆମେ ଯାଉ ସମୁଦ୍ରକୁ ମାଛ ମାରି
ଏ ଭାଗ୍ୟ ଆମର
ଆମେ ଏଠି ଫେରିଆସୁ ସମୁଦ୍ର କୂଳକୁ
ଆମେ ଆସୁ ଫେରିଆମ ପ୍ରାଚୀନ ଘରକୁ
ଫେରାଇ ଆଣିବା ଆମ କାମ ନୁହେଁ
ଆମ କାମନାକୁ
ଆମରି ସମସ୍ତ ଶବ୍ଦ, ଯେତେକ ଆକାଂକ୍ଷା
ସବୁମିଶି ଫେରିଆସେ-
ଦିଗନ୍ତରେ, ସୂର୍ଯ୍ୟ ଡାକରାରେ ॥

ରାତିରେ ସମୁଦ୍ରେ ଯିବା ମାଛମାରି
ଓ ଫେରିଆସିବା
ସୂର୍ଯ୍ୟ ବୁଡ଼ିଗଲାପରେ
ଏ ରାତିରେ ବତୀଘର ଡାକେ ହାତଠାରି ॥

ସମୁଦ୍ରରେ ବୁଲିବୁଲି ଥକିସାରିଥିବା
ଥକିଲା ଥକିଲା ଆଖି, ମାଂସ ଆଉ ହାଡ଼
ସବୁ ଚାପି ଶବ୍ଦ ସଢେଇରେ
ଆମେ ଖୋଜୁଥିବା ସେଠି
ବାଟ ଏକ ଫେରି ଆସିବାର
ଆମ ବାଟ କାଟୁଥିବେ ଓଲେଇ ତାରାଙ୍କୁ ସବୁ ଈଶ୍ୱର ନିଜେ
ଧ୍ରୁବ ତାରା ହୋଇନିଜେ ଅବା ବତୀଘର
ଫେରିବା ଓ ଫେରାଇବା ନୁହେଁ ଆମ କାମ
ବାଟରେ ଗୁଂଥିବା ବାଟ
ବନ୍‌ଶୀ ପରି, ଥୋପ ପରି, ଫୁଲମାଳ ପରି
ସିଢ଼ିବା କୋକେଇ ପରି ପ୍ରଲୋଭନ ପରି
ଈଶ୍ୱରଙ୍କ ଇସାରାରେ ଆମେସବୁ କିନାରାକୁ ଫେରି
ଈଶ୍ୱର ପାରିବେ କିବା ରହି ଆମ ବିନା
ସୂର୍ଯ୍ୟ ବିନା ରାତି ଅବା
ରାତି ବିନା ଏଇ ବତୀଘର
ଏ ଖୁଣ୍ଟ ଯେ ମେରୁହାଡ଼
ଆମରି ବିଶ୍ୱାସ ଆଉ ସମସ୍ତଙ୍କ ଫେରିଆସିବାର ॥

ଭଟ୍ଟା ଓ ଜୁଆର

ଯାଇଛି ଜୁଆର ଚାଲି ଉଠିପଡ଼ି ପହଁରି ପହଁରି
ସମୁଦ୍ର ଯାଇଛି ଚାଲି, ଫେରାଇ ମୁହଁକୁ
ଆଜି ଅଛି ଭଟ୍ଟା ଖାଲି, ବାଲି ଆଉ ବାଲି
ଆଜି ଅଛି ଏ ରାତିରେ ଅନ୍ଧାର ଖାଲି
ଯାଇଛି ସକାଳ ଚାଲି ଧାଇଁ ଧାଇଁ
ଗୋଟା ଦିନସାରା ॥

ଜିତିବାର ଏତେ ମୋହ, ଏତେ ଯେ ଆକାଂକ୍ଷା
ଇଚ୍ଛା ଯଦି ଜୁଆରରେ ଉପରକୁ ଯିବା
ଇଚ୍ଛା ଯଦି ପହଁରିବା ଖୋଲା ଆକାଶରେ
ଇଚ୍ଛା ଯଦି ବୁଲିଯିବା ଖରା ହାତଧରି
ଚାହଁ ଯଦି, ଖୋଜ ଯଦି ଜିତିବା ଉପାୟ
ଖୋଜ ଗୋଟେ ରାତି ଆଉ ଭଟ୍ଟାର ସୀମାନ୍ତେ
ଖୋଜ ସେ ଶାମୁକା ଗର୍ଭେ
କଙ୍କଡ଼ା ଗୋଡ଼ରେ–
ଖୋଜିନିଅ ହାରିବାରେ, ହାରିଯିବା ପରେ ॥

ସୂର୍ଯ୍ୟମାନେ କ'ଣ ଆଉ ଅର୍ଥ ବା ଅଧିକ
ପୁରଣା ଇଚ୍ଛାର ସବୁ ନୂଆମୃତ୍ୟୁ
ଆଉ ଏକ ଆଲୋକ ମୃତ୍ୟୁର
ଯେ ଆଲୋକେ ଶୁଖେ ସବୁ
ଜଳ, ଗ୍ରହ, ତାରା, ନିହାରୀକା.
ଗଛ, ପତ୍ର, ମାଟି ଓ ଆକାଶ
ଶୁଖିଯାଏ, ସରିଆସେ ଜୀବନରୁ ଜଳ
ଶୁଖିଯାଏ, ପୋଖରୀରୁ ମାଛର ଜୀବନ
ଚମହୁଏ ଧୁଡୁଧୁଡୁ ହଜିଯାଏ ବଳ
ଏ ସୂର୍ଯ୍ୟ କିରଣ ତୀର
ଆମଲାଗି ସାଦା ଶରଶଯ୍ୟା
ଆମ ଏଇ ଜୀବନରେ କେତେ ଇଚ୍ଛା
କେତେ ଯେ ଆକାଂକ୍ଷା
ରାତିଟା ତ ଶୀତଳତା
ଏ ସବୁର ସମସ୍ତ ଇଚ୍ଛାର
ସିଧାସିଧା ହତ୍ୟା ଆଉ ସହଜ ସଂହାର ॥

ଆମେ ଏଠି ଖୋଜୁନେ ଜୁଆର
ଆମେ ବି ଖୋଜୁନେ ଏଠି ସୁନେଲି ସକାଳ
ଆମେ ଏଠି ସମସ୍ତେ ସାଥିରେ
କରିଛେ ଅପେକ୍ଷା ବସି
ଧାଇଁ ଧାଇଁ ପହଁରି ପହଁରି
କୂଳେଯାଇ ଲାଗିଯିବା ସହଜରେ
ଅତି ସହଜରେ
ଆମେ ତ ଚାହିଁଛେ ବସି-
ଧାଇଁଯିବା, ଚାଲିଯିବା ସେପାରିକୁ
ଏ ଭଙ୍ଗାରେ, ଏ ଅନ୍ଧାର ପରେ ॥

ଭଟ୍ଟା ଆସେ କେତେବେଳେ ଅବା କେଉଁରୂପେ
ଅବଶ୍ୟ ଜୁଆର ମାନେ, ଭଟ୍ଟା ସେଠି ଅଛି
ଯେପରି ବିଜୟେ ଏକ ପରାଜୟ ଅଛି
ଯେପରି ଆନନ୍ଦ ପଛେ ରହିଅଛି ଯନ୍ତ୍ରଣା ଅନେକ
ସେହିପରି ଭଟ୍ଟାଆସେ,
ଭଟ୍ଟା ପରେ ଆସେ ବି ଜୁଆର
ଭଟ୍ଟା ଆସେ ମୁକ୍ତିପରି
ବାଲି ପରେ ଠିଆଥାନ୍ତି ନିଜେ ଅଧୀଶ୍ୱର
ନିଅନ୍ତି ଓଳାଇ ସବୁ ଭଂଗାମୋହ
ଭଂଗାଇଚ୍ଛା, ଭଂଗାମନ, ଚାନ୍ଦର ଟୁକୁଡ଼ା ॥

ଭଙ୍ଗା ଏକ ଅନୁଭବ, ସଂହାର ପୁରୁଣା ଇଚ୍ଛାର
ଭଙ୍ଗା ଏକ ସମ୍ଭାବନା, ପ୍ରତ୍ୟୟ ନୂଆ ଜୁଆରର
ଭଙ୍ଗା ଆସେ, ଆସ୍ତେ ଆସେ ଈଶ୍ୱର ରୂପରେ
ଭଙ୍ଗା ଆସେ ଶାମୁକାରେ ମୁକ୍ତାକୁ ନେଇ
ଶୂନ୍ୟକରି ଭଂଗାରୁଜା ସମୟକୁ ଆସ୍ତେ ପୋଛିନେଇ
ଡାକିଆଣେ ଇଚ୍ଛାରେ ତା' ଆଉ ଏକ ଇଚ୍ଛାର ଜୁଆର ॥

ଷ୍ଟେସନ୍

ଉଚ୍ଚା ଖାଲ, ଖାଲ ଢିପ
ଚଟାଣ ଏ ଜୀବନର
ତଥାପି ସରଳ ପୁଣି
ବଙ୍କା ଆଉ ସିଧା,
(ଛଡ଼ାଛଡ଼ା, ଯୋଡ଼ାଯୋଡ଼ା
ଜଂକ୍‌ସନ୍ ଅନେକ)
ୟା' ଭିତରେ ଧାଇଁଯାଏ
ଧାରଣା ଆମର
ଲୁହାର ଧାରଣା ଦେଇ ହାତଧରି ତା'ର
ଧାଇଁ ଯାଉଁ ଆମେ ଆଉ
ଧାଇଁଯାଏ ଆମରି ଧାରଣା
ଧାଏଁ ନାହିଁ ଖାଲି ଯାହା
ଏ ଧାରଣା, ଲୁହାର ଯେହେତୁ ॥

ଧାରଣା ଯାଇଛି ମାଡ଼ି
ଲମ୍ବିଅଛି, ଶୋଇଅଛି ମେଲି ଛାତି ତା'ର
ଧାରଣା ଯାଇଛି ମାଡ଼ି ପ୍ରାଚୀନ କାଳରୁ
ଏ ଧାରଣା ମାନେନାହିଁ ବିଲ-ବାଡ଼
ଯେଣୁ ଏହା ଶୋଇଅଛି ପିଠି ପାତି,
ଛାତି ପାତି ତା'ର
ନମାନି ପ୍ରାନ୍ତର-ବନ, ନମାନି ନାହୁଡ଼ ॥
ହେଲେ ଏହା ସରିଛି କେଉଁଠି ?
କେଉଁଠି ବା ଶେଷ ତା'ର
କେଉଁଠି ବା ପୂର୍ଣ୍ଣଚ୍ଛେଦ ଅଛି ? ?

ଏଇ ସେ ଧାରଣା
ଯା'ଉପରେ ଧାଇଁ ଚାଲେ ରେଳ।
ଅନେକ ଚକ ଓ ବ୍ରେକ୍
ଅନେକ କମା ଓ ଏଠି କେତେ ପରିଚ୍ଛେଦ,
ଅନେକ ପାଦ ଏଠାରେ ସନ୍ଧିପଦ–
ଅବା କେଉଁ କେଂଚୁଆ କି ତେଲୁଣି ପରିକା
ଏହିସବୁ ଚାଲିଥା'ନ୍ତି ଏଠି ଅହରହ ॥

ଲୁହାର ଧାରଣା ଦୁଇ ସମାନ୍ତର
ଦୁଇଟି ତ ସମଗ୍ର ଧାରଣା
(ଗୋଟିଏ ସବୁଜ ଆଉ ଅନ୍ୟଟି
କୃଷ୍ଣକାୟ ଅଂଧାରୁଆ ବେଶ)
ଯା' ଉପରେ ଧାଇଁଯାଏ ଡବାସବୁ ଆମ ॥

ଆଗରେ ରହିଛି ଏକ ଇଂଜିନ୍ ଆମର
ସେଠି ଅଛି ସବୁ ଡବାଙ୍କର ଅନୁଭୂତି
କେତେ ରଂଗ, କେତେ ବର୍ଣ
ଆଣେ ସିଏ ପୋଛି
ସବୁ ଅନୁଭୂତି, ସବୁ ରଂଗ ଓ ମୁରୁଜ
ପୋଛିଆଣି ଛାଡ଼ିଦିଏ
ଧୂଆଁ ଆଉ ଧୂଆଁ ଖାଲି ଆକାଶକୁ
ରଂଗହୀନ ଗୋଟିଏ ରଂଗର।
ସମସ୍ତ ସୂରୁଜ ମିଶି ଗୋଟିଏ ଅନ୍ଧାର
ସମସ୍ତ ମୁରୁଜ ମିଶି ହୋଇଥାଏ
ଏଇ ରାତି-ଏ ଆକାଶ ଗୋଟିଏ ରଂଗର ॥

ଆଉ ଯା' ଭିତରେ
ପ୍ରକୃତି ନୀଡ଼ସ୍ଥ ମୋର ଗାଁ ମୁଣ୍ଡ ଷ୍ଟେସନରୁ ଉଠି
କେତେବେଳେ ଆଉ ଏକ ଷ୍ଟେସନ୍ ଯେ ଆସେ
ପ୍ରକୃତିସ୍ଥ ହେବାପରେ ପଡ଼େନାହିଁ ଜଣା
ଅନେକ ଷ୍ଟେସନ୍ ଆସେ, ଚାଲିଯାଏ
ସେହିପରି ଭିଡ଼େ
ଜଣାପଡ଼େନାହିଁ ଯା'ର ଭିତରେ ଭିତରେ
ସତେ ଅବା ଗୋଟେ ସାହି ଗୋଟିଏ ସ୍ୟାହିର ॥

କେତେବେଳେ ଲାଗିଯାଏ ଆଖି ଯା'ଭିତରେ
ହଠାତ୍ ଲୋକେ ଧସି ପଶି ଚାଲିଗଲାବେଳେ
ଗାଡ଼ିର ସେ କାନଫଟା ହୁଇସିଲ୍
ବେନାମୀ ଡାକରା
ପ୍ରତିଯୋଗୀ ସବୁ ଏଠି, ତାଙ୍କ କୋଳାହଳ
ବିରକ୍ତି ଓ ବିଭ୍ରାନ୍ତିର ଅନନ୍ୟ କାରଣ ।।

ମୁ ଦେଖେ ତଟସ୍ଥ ହୋଇ
ମୋ ସ୍ୱପ୍ନ ସହରେ
ଆଖି ଖୋଲି ଦେଖେ ପୁଣି
ମୋ ଆଗରେ ଅଥବା ପଛରେ
ଶୂନ୍ୟ ନାହିଁ ଜାଗା ଗୋଟେ ବୋଲି
ଅଥଚ ମୋ ପାଖୁ ରାମ୍, ରୋନି ଅବା ରହେମାନ,
ଆନି ବା ଆଣ୍ଟୋନି
କିଏ ଥିଲା ହଠାତ୍ ଉଭାନ୍
ଆଉଜଣେ ନୂଆଯାତ୍ରୀ, ନୂତନ ପଥିକ
ପୁଣି ଏକ ନୂଆ ମୁହଁ, ନୂତନ ଚେହେରା
ନୂଆ ପେଡ଼ି, ନୂଆ ଗପ,-
ପୁଣି ଏକ ନୂତନ ଅଧ୍ୟାୟ ?
ଶେଷରେ ମୋ ଷ୍ଟେସନଟି ଆସେ।
ଅନେକ ଅନିଚ୍ଛା ଆଉ ଅନାବେଗ ସତ୍ତ୍ୱେ
ଚୁମ୍ବକୀୟ ବଳରେଖା ପରି ସେଠି
ମହା ଆକର୍ଷଣ
ମାଟିର ଡାକରା ପରି-
ସବୁଫଳ ମାଟିପରେ ଖସିଗଲା ପରି
ସବୁ ଆକର୍ଷଣ ସେଠି, ସମସ୍ତ ମମତା ॥

ଏଠି ସେଠି ସବୁଠାରେ ଲୋକଙ୍କର ଭିଡ଼
ଗୋଟିଏ ଗନ୍ତବ୍ୟ ସ୍ଥଳ ସଭିଙ୍କର
ଷ୍ଟେସନ୍....ଷ୍ଟେସନ...
ଯେତେକ ଷ୍ଟେସନ୍ ସବୁ ପୃଥିବୀର
ସବୁମିଶି ଗୋଟିଏ ସଫେଦ,
ସମସ୍ତ ଆକାଂକ୍ଷା ଆଉ ସମସ୍ତ ଠିକଣା
ଏକାସାଙ୍ଗେ ମିଶିକରି ଗଢ଼ିଥା'ନ୍ତି ଗୋଟିଏ ଷ୍ଟେସନ୍ ॥

ଷ୍ଟେସନ୍‌ରେ ୱେଟିଂହଲ୍
ଷ୍ଟେସନ୍‌ରେ ପ୍ଲାଟଫର୍ମ ଅଛି
ଷ୍ଟେସନ୍‌ରେ ଆତ୍ମାସବୁ ଲୋକସବୁ ଯେତେ
ରହନ୍ତି ଅପେକ୍ଷା କରି ନୂତନ ଗାଡ଼ିର
ପରିଜନ ଛାଡ଼ି ପୁଣି ଯାଉଥା'ନ୍ତି ଚାଲି
ଭିଡ଼ ହୁଏ, ସଫାହୁଏ ଟ୍ରେନ୍ ଓ ଷ୍ଟେସନ୍
ଯାଉଥା'ନ୍ତି-ଆସୁଥା'ନ୍ତି ଏକତ୍ର ହେବାକୁ
ଆତ୍ମାସବୁ, ଲୋକସବୁ ପୁଣି ଏକ ରେଳଯାତ୍ରା ସାରି ॥

ଶବ୍ଦ କ୍ରୀଡ଼ା

ଦିନସାରା ସମୁଦ୍ର କୂଳରେ ବାଲିଘର ତୋଳି
ଧୂଳିଖେଳ ଖେଳି
ମିଛ ଚୁଲି, ମିଛ ଭାତ, ମିଛ ତରକାରୀ
ମିଛି ମିଛିକାର ଯୁଦ୍ଧ, ମିଛ ସଂସାରର
ଧୂ-ଧୂ ଟାଣଖରା, ହଳଦିଆ ଖରା ଅଗଣାରେ
କ'ଣ ସବୁ କରୁଥିଲେ ସଂଧ୍ୟାବେଳେ
ସେଇ ଶବ୍ଦ ଗୁଡ଼ା ?

ଶୋଇଥିଲେ ? ହସୁଥିଲେ ?
ଆଖିରେ ଚମକ ଥିଲା ? ନା ମାରୁଥିଲେ ନିଶ୍ୱାସ
ଆନନ୍ଦରେ, ମହାଆନନ୍ଦରେ ?

ମନର ତୂଣୀରୁ ସବୁ ଶରଗୁଡ଼ା
ଅଗଣାରେ ପଡ଼ିଥିଲା ବିକ୍ଷିପ୍ତ ବିକ୍ଷିପ୍ତ;
ସବୁ ଖଡ୍‌ଗ, ସବୁ ତୀର, ଗଦା ଆଉ ଢାଲ
ସବୁ ଅସ୍ତ୍ର ମିଶିକରି ସାଜି ଶଯ୍ୟା ଏକ
ଚାହିଁଥାଏ ସଂଧ୍ୟାକୁ, ଅନ୍ଧାରକୁ ତା'ର ॥

ଶଲ୍ୟ, ଦ୍ରୋଣ, ଭୀଷ୍ମ ଅଥବା ଅର୍ଜ୍ଜୁନ
କର୍ଣ୍ଣ, ଭୀମ, ସବୁ ଯୋଦ୍ଧା, ପାଣ୍ଡବ–କୌରବ
ସମସ୍ତେ ମିଳାଇଥିଲେ ଶବ୍ଦଗର୍ଭେ
ସବୁଥିଲେ ଜଣେ ଜଣେ ଶବ୍ଦ ଖାଲି ଶବ୍ଦ
ମନେମନେ ଖୋଜୁଥିଲେ ସଂଧ୍ୟାକୁ
ସୂର୍ଯ୍ୟର ଅସ୍ତକୁ
ପୁଣିଥରେ ଗଢ଼ାହୋଇ ନୂଆରୂପେ, ନୂତନ ଆତ୍ମାରେ
ରଚିବାକୁ ପୁନଶ୍ଚ କବିତା ॥

ଶବ୍ଦ ସବୁକୁ ଆଖିରେ ନେସି
ସମସ୍ତେ ହେଇଯାଉଥିଲେ ଜଣେଜଣେ କବି।
ପିଇଯାଉଥିଲେ ମନଭର୍ତ୍ତି ହେବାଯାଏଁ
ସଂଧ୍ୟାକୁ, ରାତିକୁ-ଅନ୍ଧାରକୁ।
କିଏ ଭଲପାଉଥିଲା କାହାକୁ ??

ମାଆ ଛୁଆକୁ
ନା ଛୁଆ ମାଆକୁ?
ପତି-ପତ୍ନୀ-ପତ୍ନୀ-ପତି-
କିଏ, କିଏ କାହାକୁ ପାଉଥିଲେ ଭଲ?
ସବୁ ମିଛ, ସବୁ ଲୁହ ମିଛ।
ସମସ୍ତେ ଭଲପାଉଥିଲେ ଏଇ ଶବ୍ଦକୁ
ଆଉ ଆଖିରୁ ଗଡ଼ଉଥିଲେ
ନିରୁତା ଏଇ ଶବ୍ଦର କବିତା ॥

ସେ ବେଳାରେ ବାଲିଘର ସବୁ
ଭାଂଗିଯାଉଥିଲା-ନିଶବ୍ଦରେ,
ଭାଂଗିଯାଉଥିଲା ସବୁ ସେ ଛାଉଣୀ
ଯେଉଁଥିରେ ଘୂରାବୁଲା କରୁଥିଲେ
ଓ ଚିନ୍ତା କରୁଥିଲେ ଶବ୍ଦମାନେ ॥

କିନ୍ତୁ ଆଜି ସେଗୁଡ଼ାକ ସବୁ
ମିଶିଯାଇଛନ୍ତି ମାଟିରେ
ଏଇ ଧରାତଳେ ॥

ବାସ୍, ସବୁ ଶବ୍ଦଙ୍କ ଅବସ୍ଥା ବି ଏଇୟା-
ଶୋଇଛନ୍ତି ଏ ମାଟିରେ ବଡ଼ ଆରାମରେ ॥

ସଂଧ୍ୟାକୁ ପାଇବା, ରାତିକୁ ପାଇବା
ଆଉ ଅନ୍ଧାରକୁ ପକେଟରେ ପାଇବାଠାରୁ
ଆଉ କ'ଣ ହୋଇପାରେ ଅଧିକ ଅକାଂକ୍ଷା
ଗୋଟେ ଶବ୍ଦର ?
ତା'ଛଡ଼ା ଶବ୍ଦମାନେ ତ
ସୁନ୍ଦର ଶେଯଟେ ପାଇଲେ !
ଆଉ ପୁଣି କ'ଣ ?

ହଁ, ଏଣିକି ଶବ୍ଦର ଡାଏରୀକୁ
ପଢ଼ିବାର ବେଳ ଆସିଲାଣି।
ନୂଆ ଆକାଶ, ନୂଆ ପୃଥିବୀ- ଆଉ
ନୂଆ ମନ ସାଙ୍ଗକୁ ପୁରୁଣା ଆତ୍ମା-
ବାସ୍-
ଏଇ ସବୁକୁ ପାଇବା ପାଇଁ
ସେସବୁ ଶବ୍ଦଗୁଡ଼ା
ବଦଳୁଥିବେ ବହୁରୂପୀ ପରି
ବା ଏଣ୍ଡୁଅଟେ ପରି ॥

ରଂଗ ବଦଳୁଥିବ, ରୂପ, ଭେକ, ମନ
ସବୁ ବଦଳୁଥିବ,
କିନ୍ତୁ
ଏଇ ବଦଳିବା ଭିତରେ ରହିଥିବ
ସେଇ ପୁରୁଣା ଆତ୍ମା-ଆକାଂକ୍ଷା
ଓ ହୋଇଯାଇଥିବ
ଶହେଖଣ୍ଡେ ମୃତ୍ୟୁ
ଶହେକୋଟି ଅନୁଭୂତି ଜନ୍ମ ଓ ମୃତ୍ୟୁର ॥

ଚାତକ ପରି ଚାହିଁ ରହନ୍ତି
ସମସ୍ତେ ଏଇଠି
ସେଇ ମେଘକୁ, ଅନ୍ଧାରକୁ
ଆଉ ଅନ୍ଧାରରେ ବାଟ କାଟି
ଆଉଥରେ ଅନ୍ଧାରକୁ ଫେରିଆସିବାକୁ ॥

ସବୁ ଆକାଶ ମିଳେଇଯାଏ ସମୁଦ୍ରରେ
ସବୁ ସମୁଦ୍ର ମିଳେଇଯାଏ ପବନରେ
ସବୁ ପବନ ପହଁରି ଯାଆନ୍ତି ବହୁଦୂର
ଆଉ ସବୁକିଛି ହଜିଯାଏ ଏ ମନର
ଗହୀର ମଥାରେ।
କାରଣ ଏଇ ମନ ସମୁଦ୍ର, ଆକାଶ ଓ ପବନ
କାରଣ ଏଇ ମନ ହିଁ ଶବ୍ଦର ଜନନୀ
କାରଣ ସବୁକିଛିର
ଉତ୍ପତ୍ତି ଓ ବିଲୟ
ଏଇ ମନର ଅଗଣାରେ ଘଟେ ସବୁବେଳେ
ସମୁଦ୍ର ବାଲିରେ ଆଉ ସମୁଦ୍ର କୂଳରେ
ଶବ୍ଦଙ୍କର ସବୁ ଗଢ଼ା, ସବୁ ଭଂଗାରୁଜା
ହୁଏ ଏ ସକାଳଠାରୁ ଗୋଧୂଳି ମଧ୍ୟରେ
ଭଂଗାରୁଜା ଶବ୍ଦ ସବୁ ଆହତ ବିପନ୍ନ,
ସମସ୍ତେ ହୁଅନ୍ତି ଗଢ଼ା
ଏ ରାତିରେ, ଏ ସଂଧ୍ୟାରେ; ଅନ୍ଧାର ଭିତରେ
ଆଉଥରେ ରଚିବାକୁ ଶବ୍ଦକ୍ରୀଡ଼ା
ଶବ୍ଦର କବିତା ॥

ଭୀମା ଧୀବର

ବଡ଼ ସେ ବିଚିତ୍ର ଆଉ ବଡ଼ ସେ ଚତୁର
ଭୀମପରି କାୟା ତା'ର
ମନ ତା'ର-ଆତ୍ମା ତା'ର ନିରୁତା ଧୀବର ॥

କଳାରଂଗୀ ପ୍ରାଚୀନ ଡଙ୍ଗାଟା ତା'ର
ଜାଲ ତା'ର ସମୁଦ୍ର ଠୁ ବଡ଼
ସୂକ୍ଷ୍ମ ତା'ର ଫାଶ ସବୁ,
ଅନ୍ଧାରଠୁ ସୂକ୍ଷ୍ମ ତା ବିନ୍ୟାସ
ଆଖି ତା'ର ଚିଲପରି, ଶାଗୁଣାର ଡେଣା ତା'ର ହାତ
କୃଷ୍ଣବର୍ଣ୍ଣୀ ତା'ଜାଲ ଛାଇରେ
ନୀଳରଂଗ କରିଦିଏ ସମଗ୍ର ସମୁଦ୍ର ॥

କେଜାଣି କି ମନ୍ତ୍ର ଫୁଙ୍କେ
କିଛି ନା କିଛି ତ ଉଠେ, ଜାଲେ ତା'ର
ଥରେ ଅଧେ ନୁହେଁ, ପ୍ରତିଥର
କେଜାଣି କେମିତି କାହିଁ
ଯେତେ ସେ ନିଷ୍ଠୁର ଅବା ଦିଶୁ ଭୟଙ୍କର
ଭିତରୁ ଶବ୍ଦଟେ ଆସେ ସବୁବେଳେ
ଶିବ-ଶିବ-ଶିବ ଓ ସୁନ୍ଦର ॥

ପ୍ରତିଥର ଜାଲେ ତା'ର, ଇଚ୍ଛାରେ, ପ୍ରୟାସରେ ତା'ର
ତା'ଆସକ୍ତି, ଆତ୍ମୀୟତା ଅବା ତା'ର ଆପଣାପଣର
ପ୍ରତିମୂଲ୍ୟେ ହୋଇଯାଉ- ଆମେସବୁ
ଦରିଦ୍ର- ନିର୍ବଳ ଆଉ ନିସ୍ତେଜ-ନିଥର ॥

ଭୀମା କିଛି କହେ ନାହିଁ କେବେ
ସିଏ ତା'ର ଡଙ୍ଗାନେଇ ଘୂରିବୁଲେ, ମାଛମାରେ
ଏ କୂଳରୁ ସେକୂଳକୁ ହୁଏ ସବୁବେଳେ
(ସତେବା ଏପଟୁ ନିଏ ସ୍ମୃତି କିଛି, ଅନୁଭୂତି କିଛି,
ସତେବା ଏପଟେ ଅଛି ବାପଘର
ସେପଟରେ ଅଛି ଶାଶୁଘର)
ମାଛ ବି ଧରେ କି ନାହିଁ, ଖାଏ ଅବା ନାହିଁ
ଜାଣନ୍ତି ନି କେହି ଏଠି
ପ୍ରକୃତରେ କ'ଣ ସେ କରେ
କୁହନ୍ତି ସମସ୍ତେ କିନ୍ତୁ ଡେଙ୍ଗୁରା ବାଡ଼େଇ
ଭୀମା ଧରେ, ମାଛଧରେ, ସବୁ ମାଛଧରେ
ଭୀମା ହାତେ ସବୁ ଅଛି, ଗୋଟିଗୋଟି ମାଛ,
ମାଛର ଠିକଣା ଅବା ଅତାପତା
ଘରବାଡ଼ି, ରାସ୍ତାଘାଟ-ମନକଥା ସବୁକିଛି
ସତେ ଅବା ତାକୁ ଖାଲି ଜଣା ॥

ଭୀମାର ଘର କେଉଁଠି
କେବେ କେହି ଦେଖିନି ଆଖିରେ
କିଏ କହେ ଏପାରିରେ
କିଏ କହେ ନଈର ସେପାରେ
କିଏ କହେ ଭୀମା ରହେ—
ସବୁବେଳେ ଡଙ୍ଗାରେ ତା' ନୀଳ ସମୁଦ୍ରରେ ॥

ଜେଜେବାପା

କେଜେବାପା ହେବା ବଡ଼ ବିଷୟଟେ,
ବିଷୟଟେ ବଡ଼ ଆନନ୍ଦର
ଜେଜେବାପା ହେବା ମାନେ
ଫଟୋପରେ ଧୂଳି ପଡ଼ିଯିବା
ରହିଯିବା ସ୍ମୃତିହୋଇ
ଫଟୋର ଫ୍ରେମ୍ ଭିତରେ
ସଫା ସଫା କାଚର ସେ ବାଡ଼ ଆରପଟେ ॥

'ଜେଜେବାପା' 'ଜେଜେବାପା' ଡାକିବାରେ
ଜିଜ୍ଞାସା ଓ ଯେତେ କୋମଳତା
ଡାକସବୁ ଶୁଣିବାରେ ଥରେ ପ୍ରତିଥର
ଅଛି ସେଠି ସୂକ୍ଷ୍ମତା, ସେତିକି ଆର୍ଦ୍ରତା ॥

'ଜେଜେବାପା' ସ୍ମୃତି ଏକ ପୁରୁଣା ଦିନର ପୁରୁଣା ମନର
ଅବା ତିନ୍ତିଥିବା ଏକ ପୁରୁଣା ଆତ୍ମାର ॥

ଜେଜେବାପା ହେବା ଅବା ସେ ଡାକ ଶୁଣିବା
ଫୁଲମାଳ ପିନ୍ଧି ଗୋଟେ କାନ୍ଥରେ ବା
ମେଜପରେ ନୀରବେ ରହିବା
ଦେଖୁଥିବା ଆଖିଫେଡ଼ି ସବୁ ଚଂଚଳତା
ଡାକଶୁଣି ଧାଇଁଯିବା ପାଖକୁ ପାଖକୁ
ପବନେ ମିଳାଇ ଯିବା ଧୂଆଁପରି ନିଶ୍ୱାସ ପରି
ସବୁକଥା ଏକାକଥା, ପୂରା ଏକାକଥା
ଜେଜେବାପା ହେବା ଅବା
ଡାକଶୁଣି ବଂକୁଲି ବାଡ଼ିଟା ଧରି ଆସ୍ତେ ଧାଇଁଯିବା ॥

ସବୁ ଅନୁଭୂତି ମିଶି ଗଢ଼ିଉଠେ
ଆଉ ଏକ ଭିନ୍ନ ଅନୁଭୂତି
ସ୍ମୃତିର ପ୍ରାନ୍ତରେ ଉଠେ ଛୋଟ ଛୋଟ ଘାସଗଛ,
ଆମ୍ବଗଛ ହିଡ଼ କଡ଼େ କଡ଼େ
ତା'ଭିତରେ ଗଢ଼ିଉଠେ, ବଢ଼ିଉଠେ
ଇଚ୍ଛା ଆଉ ଆକାଂକ୍ଷାର ରୂପ
ଆସ୍ତେ ସେଠି ଚାଲୁଥାଏ
ବାଡ଼ିଧରି ଜେଜେବାପାଟିଏ
ସ୍ମୃତିଖୋଜି—ଅତୀତକୁ ଖୋଜିଖୋଜି
ସ୍ନେହରେ ଆଉଁସି ଚାଲେ
ଫଟୋର ସେ ଧୂସରିତ ପାକୁଆ ବୁଢ଼ାଟା ॥

ସୂର୍ଯ୍ୟ

କିଏ ସେ ଥରିଯାଇନି
କିଏ ସେ ହାରିଯାଇନି
କିଏ ମିଳାଇଯାଇନି ପବନରେ, ଅନ୍ଧାରରେ
ନା କିଏ ଚାଲିଯାଇନି ସେପାରିକୁ ?

ଅର୍ଜୁନ କଥା କହୁଛ ?
ଯଶୋଦା ମାଆର କଥା, ନା ମହିଷାର କଥା ?
କାହା କଥା କହୁଛ ?
ବିଶ୍ୱରୂପ ଦେଖିଲେ ? କ'ଣ ଦେଖିଲେ ?
ଗୋଟିଏ ସୂର୍ଯ୍ୟ ଆଉ ଗୋଟିଏ ରାତି
ଯା'ଭିତରେ ଦିନ ତମାମ୍ ଯିବା ଆସିବା କରୁଥିଲେ
ଖଣ୍ଡଖଣ୍ଡ ଦ୍ରୁତଗାମୀ ଚିକିଟା ଅନ୍ଧାର ॥

ବାସ୍ ଏତିକି।
ତମେ ଦେଖିନ ? ଦେଖ, ଚେଷ୍ଟାକର, ପାରିବ।
ବାସ୍ ଏତିକିରେ ପୂରିଗଲା
ତାଙ୍କ ଆଖି, ମନ, ଛାତି ଆଉ ଆତ୍ମା ॥

କେତେବେଳେ ପାଟି, କେତେବେଳେ ଯୋନି,
ସଂସାରରେ ଆଉ କ'ଣ ଅଛି କି ?
ସେଇ ଅନ୍ଧାର-ନଚେତ୍ ଆଲୋକ,
ଶବ୍ଦ ନହେଲେ ନୀରବତା-
କିନ୍ତୁ ସବୁଠି ରହିଛି
ସେଇ ଗୋଟିଏ କଥା– ସୂର୍ଯ୍ୟ
ଅନ୍ଧାର ଭିତରେ ଝଲସୁଥିବା-ଝଟକୁଥିବା ସୂର୍ଯ୍ୟ ॥

ସୂର୍ଯ୍ୟ ଉଇଁଲା ମାତ୍ରେ ହିଁ
ସକାଳ ହୁଏ,
କିଚିରି ମିଚିରି ଡାକନ୍ତି ପକ୍ଷୀଏ
ଆଉ ଏଇ ଶବ୍ଦ ସବୁ ତାଙ୍କ ଓଠରୁ ବାହାରି
ଝୁଲାଝୁଲି କରୁଥାନ୍ତି ସବୁଜ ଡାଳରେ,
ଖେଳୁଥାନ୍ତି ଦୋଳିଖେଳ, ଧୂଳିଖେଳ
ଖାଉଥାଆନ୍ତି ପିଠା, ପଣା, ମହୁର-ଶାକର
ଆଉ ଖରା-ଦ୍ୱିପହର ଖରା ॥

ଏତେବେଳେ ଗଛ ବୁଢ଼ାହୁଏ,
ପତ୍ର ଝଡ଼େ,
ତା'ରି ଭିତରେ କେତେବେଳେ ଝୁଲୁଝୁଲୁ
ବୁଢ଼ା ହୋଇଯାଆନ୍ତି ଶବ୍ଦମାନେ
ଦାନ୍ତସବୁ ଆନ୍ଦୋଳନ କରି
ଏକଲା କରିଦିଅନ୍ତି ପାଟିକୁ
ଏଣୁ ବାଧହୋଇ ହାଇ ଆସେ ସୂର୍ଯ୍ୟ
ରଥରୁ ତା' ସହଳ ଓହ୍ଲେଇ
ଆଉ ଦିଏ ଭରି, ବିଶ୍ୱରୂପ ରଖିଥିବା
ସେ ପାଟିରେ ପାଟିଏ ଅନ୍ଧାର-
ଯେଉଁଥିରେ ଭରିଯାଏ ଆତ୍ମା- ମନ ଓ ଆଖି
ଆଉ ସବୁଗୁଡ଼ା ପ୍ରତ୍ୟଂଗ ଆମର ॥

ଛାଇ ଥାଏ କେଉଁଠି ?
ଅସ୍ୱଚ୍ଛ ବସ୍ତୁରେ, କାଠରେ, କାନ୍ଥରେ
ନା ଅଲଗା କେଉଁଠି ?
ଆରେ ବୁଦ୍ଧୁ !
ଏ ଆଲୋକଟାକୁ ତମେ ବି ବୁଝି ପାରିଲନି ?
ଏଇଟା ନଥିଲେ କି ଛାଇ ଆସନ୍ତା ?
ନା ଆସନ୍ତା ଅନ୍ଧାର ?
ଏଇ ସୂର୍ଯ୍ୟ ପିତା ଯା'ର
ଏଇ ସେ ଆଲୋକ
ଛାଇଥାଏ ତା'ଭିତରେ
ଛାଇ ଯେଣୁ ସଖା ତା ଆତ୍ମାର ॥

ଏ ଛାଇ ବିଚିତ୍ର ବଡ଼
ଏ ଆଲୋକ ନିଜେ ହିଁ ନୃସିଂହ
ଏ ଛାଇ ଦୋସର ଯେ ଅଟେ ଅନ୍ଧାରର
ଏଇ ଛାଇ ଜଗତର ଜନନୀ ଆମର
ଏଇ ଛାଇ ପତ୍ନୀ ଯା'ର
ସୂର୍ଯ୍ୟ ଖାଲି ନାମାନ୍ତର ତା'ର ॥

ରାତି

ସ୍ୱର୍ଗୀୟ ଚିତ୍ର ତୁମେ ସତେ,
ଦିବସର ଦୃଷ୍ଟି ଆଉ ଦିବସ ଆଲୋକ
ସବୁତ ଦେଇଛି ମେଲି ପସରାକୁ
ଯନ୍ତ୍ରଣା, ଦୁଃଖ ଓ ପାପର ଲୀଳାକୁ
ତୁମେ ବା ଦେବକୀ ଗର୍ଭୁ ଜନ୍ମିଲ ସେଦିନ
ଧୀରେଧୀରେ କଳାହେଲ, ମିଶ୍‌ମିଶ୍ କଳା
ନୀଳହେଲ କାହିଁକିନା ଦେହ ତୁମ, ଆତ୍ମା ତୁମ,
ଅଥବା ତୁମର ମନ ତୁମରି ଚେହେରା
ଅହରହ ନିରନ୍ତର-ରାତି ରାତି ବିଷ ହିଁ ପିଇଲା
ଏଣୁ ତୁମେ କଳାହେଲ-ନୀଳ ହେଲ
ନୀଳକଣ୍ଠ ରୂପଧରି, କୃଷ୍ଣ ରୂପଧରି
ତମେ ବା କରିବ କିସ,
ଧ୍ୟାନ କରି, ମୁନି ପରି
ସଂସାରର ବିମୁକ୍ତି ସାଜିଲ ॥

ତୁମକୁ ବା ଭିଆଇଲା କିଏ ?
ତୁମେ କି ଜାଣିଛ କିଏ ଗଢ଼ିଛି ତୁମକୁ ?
ଦେଇଛି ଏ ମନ୍ତ୍ର ଆଉ ଦେଇଛି ଏ କାର୍ଯ୍ୟ
ସମୁଦ୍ର ମନ୍ଥନେ ଖାଲି ବିଷ ପିଇଯିବା
ଅନ୍ଧାରୀ ସିନ୍ଦୁକେ ଯାଇ ଅନ୍ଧାର ହେବା
ତମର ଏ କଳାରୂପ, ଖିଲିଖିଲି ହସ
ନୀରବ ନିଶ୍ଚଳ ଆଖି ଯୋଗୀଟିର
ସତେ ତୁମେ କେଡ଼େ ଯେ ସରଳ !!

ତୁମେ ଅଟ ଶାନ୍ତ ଓ ଶୀତଳ
ତୁମ ଗଭୀରତା ସତେ ଅକାତ ଅତଳ
କେତେନିଆଁ, କେତେଦିନ ପିଇଛ ଟି ତୁମେ
ସତେ ତୁମେ ଧରଣୀରେ ନିହାତି ବିରାଟ
ହୃଦୟ ତୁମର କେତେ ବଡ଼ ସତେ
ଯେଣୁ ତୁମେ ଧରଣୀର ରାଣୀ
ତମର ପଣତ ସତେ ଲମ୍ବାକେତେ
କେତେ ଯେ ନରମ
ତମରି ଗର୍ଭରୁ ପରା ଗାଣ୍ଡିବ, ବାସୁଦେବ
ଅବା କେଉଁ ଜାରାର ଜନମ ॥

ତୁମ ନାମ ରାତି
ଯନ୍ତ୍ରଣାରୁ ମୁକ୍ତି ପାଇଁ-ତୁମେ ଆସ ଉଇଁ
ତୁମେ ଅଟ ନୀଳକଇଁ ତୁମେ ହି ନିମାଇଁ
ତୁମେ ଆସ ଆସ୍ତେ ଆସ ଉପଯୁକ୍ତ ବେଳେ
ଏ ବିଷମ ଯୁଦ୍ଧ ତଳେ, ସହସ୍ର ଅରାତି ମେଳେ
ମୃତ୍ୟୁରୂପୀ, ମୁକ୍ତିରୂପୀ ଶିଖଣ୍ଡିନୀ ହୋଇ ॥

ଶେଷରାତି, ନୂତନ ନାଟକ

ସବୁ ଜାଣିଥିଲେ ସରିଯିବ ସମସ୍ତ ନାଟକ ।
ଏଣୁ ଯାହୁଁ ସରୁଥାଏ ଗୋଟେ ଗୋଟେ ନାଟକ,
ଯାହୁଁ ସରୁଥାଏ ଦୃଶ୍ୟରାଜି ଗୋଟେ ପରେ ଗୋଟେ
ବ୍ୟସ୍ତ ହେଉଥାଆନ୍ତି ସମସ୍ତେ,
ଆନନ୍ଦ ହେଉଥାଆନ୍ତି ସମସ୍ତେ,
ବିବ୍ରତ ହେଉଥାଆନ୍ତି ସମସ୍ତେ,
ସମସ୍ତେ ଚାହୁଁଥାଆନ୍ତି ପଛକୁ ଓ ଦେଖୁଥାଆନ୍ତି
ନିଜର ସେ ଅତି ପରିଚିତ ମୁହଁଟାକୁ ॥

ମାତ୍ର ଏ କ'ଣ ?
ସେ ମୁହଁଟା ବି ଦିଶୁନି ଭଲରେ,
ଦିଶୁନାହିଁ ଆଖି-କାନ-ଜଣଙ୍କର ଅବା ଆପଣାର
ସେଠି ତ ଦିଶୁଛି ମୁହଁ-ଶହଶହ ପୁରୁଣା ଆତ୍ମାର ॥

ସବୁ ମୁହଁ ଏକାପରି, ସାମାନ୍ୟ ଭିନ୍ନତା
ସବୁଥିରେ ଏକ ଆତ୍ମା, ସବୁଥିରେ ସମାନ ସାଂଦ୍ରତା ॥

ସେଦିନ ଗାଁଟା ସାରା
ସବୁଘରେ, ଗୋଟିଗୋଟି ସମସ୍ତ ଆଖିରେ,
ରଂଗମଞ୍ଚ, ଥିଏଟର, ନାଟକର ନିଶା,
ସେଦିନ ସମସ୍ତେ ଥିଲେ ରାତିରେ ଅନିଦ୍ରା
ନାଟକ ସେଦିନ ଥିଲା-ସଭିଙ୍କର ନିଶା
ପେଶାଦାର ଅଭିନେତା
ଅବା କେଉଁ କୁଶଳକର୍ମାର ॥

ନାରୀ ବା ପୁରୁଷ ଛାଡ଼ ଶିଶୁ ଆଉ ବୃଦ୍ଧଙ୍କର କଥା
ସେଦିନ ରାତିରେ ଥିଲା ସହଜ-ଆଶ୍ଚର୍ଯ୍ୟ
ଅଭିନୟ କରୁଥିଲେ ସବୁସେଠି ନବ ଅଭିନବ
ସବୁସେଠି ପାଳୁଥିଲେ ମରଣର ସ୍ୱାଗତ ଉତ୍ସବ
ଗାଉଥିଲେ ଜୀବନର ଭଂଗୁର ଗଜଲ୍
ନିଜ ନିଜ ସଂଳାପ-କାହାଣୀ କ୍ରମରେ
ସବୁ କରୁଥିଲେ ଏଇ ପୃଥିବୀରେ,
ଜୀବନ-ମଦିରା ପିଇ ସାରା ଗାଁ
ମରଣର ପ୍ରକୃତ ଅଭିନୟ
କରୁଥିଲେ ସଂଯୋଜନା ପୁରୁଣା ବିଷୟ
ଗାଁ ସାରା, ଘର ସାରା, ସଂସାର ସାରା ॥

ନାଟର-ଫାଟକ ଥିଲା   ଚକ୍ଷୁର ବାହାରେ
ଭିତରକୁ ଯିବା ଅବା ଭିତରୁ ଆସିବା
ସବୁଥିଲା ସମ୍ଭବ ସବୁଠାରେ ଅବା ସବୁବେଳେ
ଯେଝା ଯେଝା ଅଭିନୟ
ଯେଝା ଯେଝା ସଂଳାପ-ବିଷୟ
ଶେଷପରେ, ଏସବୁର ପୁରୁଣା ଆତ୍ମାର
ନୂଆ ଏକ ରୂପ ପୁଣି, ନୂଆ ନୂଆ କଥା
ନୂଆ ପୁଣି କୁଆଁ ରଡ଼ି ଆଉ ଏକ ଅଭିନୟ ଗାଥା
ପୁଣି ସୂର୍ଯ୍ୟ-ପୁଣି ଅନ୍ଧକାର
ନାଟକରେ ଲେଖାଥିଲା
ସୂର୍ଯ୍ୟପରି ରାତି ଦିନେ
ସକାଳକୁ ଗୋଟା ଗିଳିବାର
ଏଣୁ ଶେଷରାତିର ନାଟକ
ଫାଟକ ବିହୀନ ଥିଲା କାଳେ ରାତି ପାଟିରେ ଲାଗିବ
ଅଥବା ସକାଳ କାଳେ ଝୁଣ୍ଟିଯିବ, ବାଟ ନପାଇବ ॥

ସମସ୍ତେ ଧାଇଁଲେ ଘରୁ କରିବାକୁ ସଫଳ ନାଟକ
ଆଖି-କାନ-ନାକ-ପାଟି ହଜାଇ ଆସିଲେ କେବେ
କେଉଁ ଛକ, କେଉଁ ପବନରେ
ଅଫିମର ନିଶାଦେଇ ପାଗଳ ଜନତା ପରି
ହଜିବାକୁ, ଭୁଲିବାକୁ ପୁରୁଣା କଥାକୁ
ନିଜକୁ ବିସ୍ମରିବାକୁ ନୂଆ ଏକ ରୂପ ପାଇବାକୁ ॥

ସମସ୍ତେ ଆସିଲେ ଧାଇଁ
ଭିଜିବାକୁ ନାଟକ ରସରେ
ସମସ୍ତେ ଆସିଲେ ଧାଇଁ
ନାଟକର ଦୃଢ଼ ବିଶ୍ୱାସରେ
ସମସ୍ତେ ଆସିଲେ ଧାଇଁ କରିବାକୁ ଅନ୍ତିମ ନାଟକ
ଅନ୍ୟେକର ଅନେକର କିନ୍ତୁ ଏହା ହୋଇଗଲା
ଏକକ ଓ ଅନ୍ତିମ ଫାଟକ
ଯାହାପରେ ଥିବା ଖାଲି ବିସ୍ମୃତି ବିସ୍ମୃତି
ଥିବା ଯାହାପରେ ସେଠି
ନାଟକର ଫାଟକର ଅନୁରୂପ ଏହି ଅନୁଭୂତି ॥

ପିଇନି କିଏ ବା ସେଠି
ଆଖିରେ ଆଖିରେ
ମୋହର ମଦିରା ଲୋଭ
ନାଟକର ସମ୍ବରଣ କରିନି ବା କିଏ
କିଏ ବା ଶବ୍ଦରେ କେବେ
ଲେଖିଅଛି ଗୋଟେ ବି କବିତା ?
ଶେଷରାତି ମିଛକଥା
ନାଟକ କି ସରିଅଛି କେବେ ?
ସରିଛି ମୁହୂର୍ତ୍ତେ ପାଇଁ
ପୁଣିଥରେ ନୂଆରୂପେ ନୂତନ ରାତିରେ
ପୁଣିଥରେ ଏ ମଞ୍ଚରେ
ଅବତୀର୍ଣ୍ଣ ହେବାଲାଗି ନୂତନ ରୂପରେ ॥

ଏଇ ରାତି ଶେଷରାତି ଏଇ ନାଟକର,
ଏଇ ରାତି ଶେଷରାତି ଏଇ ଚରିତ୍ରର,
ଏଇ ରାତି ଶେଷରାତି ଗୋଟିଏ ମୁଖାର
କିନ୍ତୁ ଏ ରାତି ତ ସଖା ଅଭିନୟ ପାଇଁ
ଖୋଳପା ଭିତରୁ ଥରେ ଅଭିନେତା
ବାହାରି ଆସିବା ପାଇଁ ଅବସର ଏହା
ଏ ରାତିରେ ପୁଣିହେବ ନୂତନ ନାଟକ
ସେଇ ଅଭିନେତା ଆଉ ପ୍ରାଚୀନ ଚାହାଣି
ଏ ରାତିରେ ସବୁକିଛି
ଯେଣୁ ଏଠି ସରିଯାଇ ନାହିଁ ॥

ନଦୀର ନକ୍ସା

ଶବ୍ଦ ଟୋପେ ଟୋପେ ମିଶି ମିଶି
ଗଢ଼ାହେଲା ନଦୀ.....
ନଦୀ ଗୋଟେ ଗୋଟେ ମିଶି ମିଶି
ଗଢ଼ାହେଲା କବିତା.....
କବିତା ଗୋଟେ ଗୋଟେ ମିଶି ମିଶି
ଗଢ଼ାହେଲା ମନ.....
ମନ ସବୁ ମିଶେଇ ସଜେଇ
ଅଙ୍କାଗଲା ଗୋଟେ ଚିତ୍ର.....
ଚିତ୍ରର ନାଁ ଦିଆଗଲା ଚୁପ୍‌ଚାପ୍
'ଇଚ୍ଛା', 'ଆକାଂକ୍ଷା', 'ଅଭୀପ୍ସା'
ଇତ୍ୟାଦି ଇତ୍ୟାଦି .....
ଝିଅଟେ ପରି- ମଣିଷଟେ ପରି ଏଇ ଚିତ୍ର....

ପଥୁରିଆ ଛାତି ଫଟେଇ
ଝରଝର ହୋଇ ବହିଗଲା ଝରଣା
ପଥର ତରଳିଲା କି ନାହିଁ
କିନ୍ତୁ ବଦଳିଗଲା ଝରଣାର ରୂପ.....
ନଈ ହୋଇ ବହିଗଲା ନୀରବେ-ନିଶବ୍ଦେ
ହଜିଗଲା ଝରଣାର ଶବ୍ଦ
କବିତା ଝରିଲା ଏବେ ନଦୀର ଶିରାରେ
ଗୁଣୁଗୁଣୁ ମନେମନେ ଝୁରେ ଗାଏ ସିଏ
ହୁଏତ ଝର୍ଣ୍ଣାକୁ ଅବା ଝରଣାର
ପୁରୁଣା ଆତ୍ମାକୁ.....

କିନ୍ତୁ ଏ କ'ଣ ?
ନଦୀଯାଏ ବହିବହି ଏପାରିରୁ ସେପାରିକୁ
ଆସ୍ତେ ଯାଏ ବହି
ନଈର ମନ ତ ଗୋଟେ
ରୂପ ତା'ର ଗୋଟାପଣେ ନାରୀ
ଯୌବନରେ ନାରୀ ପରି
ବାର୍ଦ୍ଧକ୍ୟରେ ଜନନୀଟେ ପରି
ପୁଣିଥରେ ନଦୀ ଆସେ
ଆଖିଭରି ସ୍ୱପ୍ନରେ ମନ ତା'ର ଭରି
ଛାତିକୁ ଫୁଲାଇ ନଈ
ଆସ୍ତେ ଯାଏ, ଆସ୍ତେ ଯାଏ ବହି .....

ଘଣ୍ଟାରେ କଣ୍ଟାରେ ବହେ ନଈ ଏଠି,
ବହିଯାଏ ଗାଁ ଓ ସହରେ
ନଈର ନକ୍‌ସାଟା ବଡ଼ ସର୍ପିଳ
ଯେଣୁ ତା'ର ପଥ ଦନ୍ତୁରିତ
ଆବୁଡ଼ା-ଖାବୁଡ଼ା ପଥ ଏ ନଈର
ଏଣୁ ସେ' ବା ଯିବ ବି କୁଆଡ଼େ ?

ପାଖେ ପାଖେ କିନାରାରେ, ଅବା କୂଳେ ତା'ର
ସବୁଜ ଘାସର ଛୁଆ ଆସନ୍ତି ଖେଳିତେ
ଶବଦେ ଖେଳନ୍ତି ସଦା
ତା' ଛାତିରେ ସନ୍ତରଣ ଖେଳ .....
ବାସ୍, ଏତିକି ତ ଦର୍କାର ଥିଲା
ନଦୀଟିଏ ପାଇଁ .....
ଏତିକିରେ ପହଁରିଯାଏ ପବନରେ ନଈ
ଯାଏ ସେ ପହଁରି ଏକ ହଂସ ପରି
ଶଙ୍ଖ ଛୁଆ ପରି
ବସେ ଐରାବତ ଅବ ଉଚ୍ଚୈଶ୍ରବା ଲଗାମକୁ ଧରି
ବସିଯାଏ ସବାରିରେ
ଝିଅ ତା'ର ବାପଘରୁ
ଶାଶୂଘର ଆସ୍ତେ ଯିବା ପରି .....

ଏପଟେ ମୃତ୍ୟୁ ବି ତା'ର ସରିଛି ଆଗରୁ .....
ଏଣୁ ସେତ ପାରିବନି ଫେରି,
ପାରିବନି ପଛକୁ ବା ସେ ମୂଳ ସ୍ଥାନକୁ
ଏଣୁ ଆଉଥରେ
ନୂଆ କରି ଗଢ଼ିବାକୁ
ମନ ତା'ର, ରୂପ ତା'ର, ଆନୁସଂଗ ତା'ର
ଶବ୍ଦ ସବୁ ସଜାସଜି କରି
ସେ ପୁଣି ପ୍ରସ୍ତୁତ ପୁଣି ଜନ୍ମପାଇଁ,
ନୂଆ ଜନ୍ମ ପାଇଁ
ଏଠାରୁ ବିସ୍ମୃତି ଆଉ ପୁନରୁକ୍ତି ପାଇଁ
ଆଉଥରେ ଭଲକରି, ଧୁଆଧୁଇ କରି
ନିଜକୁ ବିଶୁଦ୍ଧ କରି
ଆଉ ଏକ ଶୁଦ୍ଧରୂପ ପାଇଁ .....

ନଦୀ ଯାଏ ପହଁରି ପହଁରି
ଭେଦିସବୁ ବାଡ଼ବତା,
ଭେଦିସବୁ ପଡ଼ିଆ କିଆରି
ନଦୀଯାଏ ବାଲିଧରି, ସ୍ମୃତି ସବୁଧରି
ନଦୀଯାଏ ସବୁଛାଡ଼ି ସବୁ କିଛି ଛାଡ଼ି
ଛାଡ଼ି ତା'ଅତୀତ ସବୁ
ଛାଡ଼ିସବୁ ଗାଥା ପୃଥିବୀର,
ନଦୀ ଯାଏ ସବୁ ଛାଡ଼ି
ଆତ୍ମାଛାଡ଼ି, ଦେହଛାଡ଼ି, ରୂପ ତା'ର ଛାଡ଼ି
ନଦୀଯାଏ ଧୀରେ ବଢ଼ି
ପୁନର୍ବାର ନଦୀଯାଏ
ନେବାକୁ ଗୋଟିଏ ଜନ୍ମ ପୁନର୍ବାର
ଗୋପୀପରି, ଋଷିପରି, ହିରଣ୍ୟକ ପରି
କୋଟିଏ ପାପକୁ ଛାଡ଼ି,
ରୂପ ଛାଡ଼ି, ସ୍ତୁପ ଛାଡ଼ି
ମୃତ୍ୟୁର, ବିଧ୍ୱଂସର, ସକାଳର, ସାରା ଗୋଧୂଳିର
ନଦୀଯାଏ ସବୁଛାଡ଼ି
ସବୁ ଅଂକାବଂକା ରାସ୍ତା ମାନଚିତ୍ର ଛାଡ଼ି,
ନଦୀଯାଏ, ଭେଦିଯାଏ
ତୀରପରି, ତାରା ପରି
ଆକାଶରେ, ସୂର୍ଯ୍ୟରେ, ଅନ୍ଧାରରେ ମିଶିଗଲା ପରି
ନଦୀଯାଏ ସବୁଛାଡ଼ି ସମୁଦ୍ରରେ ମିଶି.....

ନଦୀଯାଏ ସବୁଛାଡ଼ି,
ଗୋଟିଗୋଟି ସ୍ମୃତିର କଳସୀ
ନଦୀଯାଏ ଆସ୍ତେ ମିଶି
ତ୍ୟଜିସବୁ ବିଦେହରେ ଆସ୍ତେଯାଏ ମିଶି .....

ସଂଗ୍ରହାଗାର

ଫାଟକ ପୁରୁଣା ତା'ର ଯଥେଷ୍ଟ ପୁରୁଣା
ଅଥଚ ଗହଳି ସେଠି ପ୍ରବଳ ଗହଳି
କିନ୍ତୁ ନାହିଁ ଶବ୍ଦଟିଏ, ନାହିଁ କୋଳାହଳ
ପାଦ କଚାଡ଼ିବା ନାହିଁ ସେଠି ଜମା
ନାହିଁ ସେଠି ବାଦାମ ଖାଇବା
ସେଠି ଶବ୍ଦ ଜମାନାହିଁ
ଯେତେବଡ଼ ଶବ୍ଦକାର ଯାଉ ॥

ସେଇଘର କାନ୍ଥ ସବୁ ଅନେକ ପ୍ରାଚୀନ
ଲମ୍ବ–ତା'ର, ଦୈର୍ଘ୍ୟ ତା'ର-ଦୂର ଦିଗନ୍ତର
ଆମଠାରୁ, ସମସ୍ତଙ୍କଠାରୁ
ଆମରି ଜୀବନଠାରୁ ଦୀର୍ଘ ସିଏ, ଅନେକ ପୁରୁଣା
ଅଥଚ ସେଠାକୁ ଲୋକେ ଧାଇଁଛନ୍ତି
ସତେଅବା ଭିତରେ ତା' ମିଠେଇ ମିଳୁଛି !
ସତେଅବା ଲୋକଗୁଡ଼ା ତୁଚ୍ଛ ପୋକମାଛି !!

ସେଠାକୁ ଯାଇଛି ଯିଏ, ଯାଇଛି ଯେ ଭିତରକୁ ତା'ର
ସେ କାନ୍ଥେ ଦେଖିଛି ଯିଏ, ତା'ଭିତରେ ଦେଇଛି ଅନାଇ
ଫେରିନି ଭିତରୁ ସେଇ ରୂପନେଇ, ସେ ଚେହେରା ନେଇ
ସମସ୍ତେ ଯାଆନ୍ତି ସେଇ ମଚ୍‌ମଚ୍‌ କଳାକାନ୍ଥେ
ଆସ୍ତେକି ମିଳେଇ
ସତେଅବା ସେଇକାନ୍ଥ କାଳକାନ୍ଥ ଅଟେ କାଳଗର୍ଭ
ସତେଅବା ସେଇକାନ୍ଥ ସମୁଦ୍ରର ଗର୍ଭ
ସତେଅବା ସେଇକାନ୍ଥ ଶ୍ରୀକୃଷ୍ଣଙ୍କ ମାଟିଖିଆ ପାଟି
ସତେବା ସେ କଳାକାନ୍ଥ ଦେବୀଦୁର୍ଗା ଯୋନି
ସତେବା ସେ କାନ୍ଥ ବାସୁଦେବ ବିଶ୍ୱରୂପ
ଯେଉଁଥିରେ ସବୁଚିତ୍ର ଅଛି ବ୍ରହ୍ମାଣ୍ଡର
ଯେଉଁଥିରେ ଅଛି ଆମ ସମସ୍ତଙ୍କ ଚିତ୍ର
ଅଛି ଚିତ୍ର ଆମ ସବୁ ପୁରୁଣା ଦିନର
ଅନେକ ପ୍ରାଚୀନ ଦିନ, ପ୍ରାଚୀନ ଆତ୍ମାର
ଅନେକ ପ୍ରାଚୀନ ମାସ-ଦିନ-ଦଣ୍ଡ
ଦିନ-ରାତି-ଗ୍ରହ-ତାରା ସଂଜ ଓ ସକାଳ
ସବୁଚିତ୍ର ଅଛି ସେଠି, ଗୋଟିଗୋଟି ସବୁଚିତ୍ର ଅଛି ॥

ସମସ୍ତଙ୍କ ପାଖେ ଅଛି ଗୋଟେ ଧଳାଫୁଲ
ଏତେ ସେ ସୁନ୍ଦର ଫୁଲ, ଫୁଲ ମାଳମାଳ
ସେ ସୌନ୍ଦର୍ଯ୍ୟ ଅଦ୍ୱିତୀୟ-ଶବ୍ଦର ଅତୀତ
ସବୁଫୁଲ ସଜଫୁଲ, ସବୁ ଫଟୋ ଝଡ଼ାଫୁଲଙ୍କର
ସବୁଫୁଲ ସବୁଫଟୋ ସଯତ୍ନେ ସାଇତା ସେଠି
ତୁମେ, ଆମେ ଯିବା ଦିନେ ସେଠି
ଦେଖିବାକୁ ଯିବା ଆମେ,
ଦେଖିନେବା ସବୁ ଚିତ୍ର, ସବୁ ସୁନ୍ଦରତା
ଏତେ ଯେ ମୋହିବ ତା'ର କାନ୍ତି ମୋତେ
ତମକୁ ଓ ମୋତେ
ରହିଯିବା ସବୁଦିନ, ସବୁରାତି ସେଇଠି ସେମିତି
ଫେରିଆସିବାର କଥା ଭୁଲିଯିବା
ରାମପରି ଶ୍ୟାମପରି, ସମସ୍ତଙ୍କ ପରି
ଏ ବଣକୁ ମାଲ୍ୟବନ୍ତ ପର୍ବତକୁ ଏ ଗୋପପୁରକୁ ॥

ସେଠିଯିବା ବୁଢ଼ାହୋଇ, ଅବା ଯେଉଁରୂପେ
ଆସିବା ଶିଶୁଟେ ହୋଇ କୁନିପାଦେ, ଅସ୍ଥିର ପାଦେ,
ଆସିବା ସେଠାରୁ ଫେରି
ପୁଣିଥରେ ସେ କାହ୍ନୁକୁ ସେ ଘରକୁ ଫେରିଯିବା ପାଇଁ ॥

ମାତୃତ୍ୱ

ଶାମୁକା ଭିତରେ ମୁକ୍ତାରହେ ଶୁଣିଥିଲି
ଜାଣିଥିଲି ପଙ୍କ ମଧ୍ୟେ ପଦ୍ମରହେ ବୋଲି
ଶାମୁକା ଓ ପଙ୍କ ଆମ ପ୍ରିୟ ନୁହେଁ
ମୁକ୍ତା ପ୍ରିୟ, ପଦ୍ମ ଏବି ପ୍ରିୟ
ମୁକ୍ତାର ହୃଦୟ ବଡ଼ କଠିନ ପଥର
ତଥାପି ତ ଭାରିଭଲ ଲାଗେ
ପଦ୍ମରେ ବି କଣ୍ଟାଅଛି, ତୋଳିବାରେ ଭୟ ଏବି ଅଛି
ତଥାପି ପାଗଳ ହେଉ ପଦ୍ମର ବାସ୍ନାରେ ॥

ଅନ୍ଧାର କି ଭଲଲାଗେ ?
ଭଲ ଅବା ଲାଗେ କି ରଜନୀ ?
ଅନ୍ଧାର ମଧ୍ୟରେ ଥିବା ଚକ୍‌ଚକ୍ ମୁକ୍ତାପରି
ବିଶୁଦ୍ଧ ରତନ
ପଦ୍ମପରି ଯଥେଷ୍ଟ କୋମଳ
ତେଣୁ ବା ନେବନି କାହିଁ ମଣ କରି
ନେବନାହିଁ କାହିଁକି ଓଟାରି ?

ପ୍ରକୃତରେ ଏ ରତନ ମୁକ୍ତା ଠୁ ସୁନ୍ଦର
ପଦ୍ମ ଠୁ କୋମଳ ତା'ର ସରଳ ହୃଦୟ
ଅଶାନ୍ତିରୁ ପ୍ରଶାନ୍ତିକୁ, ଅନ୍ଧକାରୁ ମହାଆଲୋକକୁ
ନେବାପାଇଁ ଓଟାରି ଆମକୁ
ଚାହେଁ ସିଏ ମନଭରି-ଆତ୍ମା ତା'ର ଭରି
ଆମରି ଜ୍ୱାଳାକୁ ଆଉ ଆମ ଯନ୍ତ୍ରଣାକୁ
ଆମରି ଉଦରୁ ସବୁ ଖାଲିକରେ
ପୋଛିନିଏ ଭେଦଭାବ, ସବୁ ଆବର୍ଜନା
ଜୀର୍ଣ୍ଣକରେ ସବୁ ଦୁଃଖ ନୀରବରେ
ଟାଣିନିଏ ସବୁକିଛି ନିଜ ଉଦରକୁ ॥

ଏ ଅନ୍ଧାର ପ୍ରିୟ ଆମ, ଚିର କାମ୍ୟ ଆମ
ଯେଣୁ ଏ ଅନ୍ଧାରେ ଅଛି ଭବିଷ୍ୟତ
କାଲିକାର ପ୍ରଭାତୀ ତାରାର
ଏ ଅନ୍ଧାର ପ୍ରିୟ ଆମ, ଯେଣୁ ଏଠି ସମ୍ଭାବନା
ଦେଖିବାର ଅରୁନ୍ଧତୀ-ତାରାର ଆଲୁଅ
ଏ ଅନ୍ଧାର ପ୍ରିୟ ଆମ
ଯେହେତୁ ରହିଛି ଏଠି, ଏହା ଗର୍ଭେ
ବିମଳ-ବିଶୁଦ୍ଧ ଏକ ସକାଳଟେ-ସୁନେଲି ରଂଗର ॥

ଏ ଅନ୍ଧାର ପ୍ରିୟ ଆମ
ଯେଣୁ ଆମ ଜୀବନର ଠାକୁର ବି କଳା
ଜଗତର ବିଷ ସବୁ -ବିଷଣ୍ଣତା ସବୁ
ପିଇ ପିଇ ପୁଷ୍ଟ ଏଇ ଅନ୍ଧାର ଉଦର
ଯେଣୁ ଏହା ଗର୍ଭାଶୟ
ବିଶୁଦ୍ଧ-ଅମୂଲ୍ୟ ଏକ ଅଖଣ୍ଡ ହୀରାର ॥

ହୀରା ତ ଆଲୋକମୟ
କୋଇଲା ତ ଅନ୍ଧାର ରଂଗର
ହୀରା ଯେଣୁ ଭଲଲାଗେ
ଅନ୍ଧକାର ଭଲଲାଗେ କୋଇଲା ଖଣିର
ହୀରା ନିଏ ସବୁ ସହି, ହୀରା ପିଏ
ସବୁ ବିଷ, ସମସ୍ତ କାଳିମା
ଅନ୍ଧକାର ଭଲଲାଗେ ହୀରାପାଇଁ
ହୀରା କିନ୍ତୁ ଭଲଲାଗେ
ଯେଣୁ ଏହା ମାତୃତ୍ୱ ରଂଗର ॥

ବିଜନ ବେଳା

ନୀରବତାର ଡେଣା କଟିଯାଇଥିଲା ବେଳେ
ତା'ଦେହର ପର ସବୁ
ହୋଇଯାଇଥିଲେ ନିଶ୍ଚଳ-ନିର୍ବାକ ଆଉ
ଏକାବେଳେ ଶବ୍ଦହୀନ, ସ୍ପନ୍ଦନହୀନ ॥

ନୀରବତା ପଡ଼ିଥିଲା ସେଠି ଠୁଳହୋଇ
ଖଣ୍ଡ ଖଣ୍ଡ ନୀରବତା
ଜମାହୋଇ ଆଦିମ କାଳରୁ ॥

ପବନ ବି ପହଁରୁ ନଥିଲା ଡେଣାପିଟି ତା'ର
ଭାସୁଥିଲା ଗୋଟେ ସତେ
ମଲା କାଠଗଣ୍ଡି !
ନୀରବତାର ଚାରିପାଖେ ବତାର ବାଡ଼
ସତେ ଯେପରି ଭୁଲିଯାଇଛନ୍ତି ସେମାନେ
ବାନ୍ଧିରଖିବାକୁ ପରସ୍ପରକୁ ॥

ନିଶ ତାଙ୍କ ଯାଇଛି ମଉଳି
ତେଣୁ ସେଠି ମୁହଁପୋତି ଛିଡ଼ାହେବା ଛଡ଼ା
ଆଉ କ'ଣ ବା ଉପାୟ ଅଛି ତାଙ୍କ ପାଖରେ ?

ସେମାନେ ସମସ୍ତେ ନାଚାର ବେବସ୍ ନିହାତି ।

ଆଲୋକଗୁଡ଼ାକ ଆଉ ଖସୁନାହାନ୍ତି ସିଧାସିଧା
ସେଇ ସମୁଦ୍ର କୂଳରେ:
ସତେ ଯେମିତି ମରିସାରିଲେଣି ସେମାନେ
ସେଠାରେ ବହୁତ ଆଗରୁ
ଏଣୁ ଧୂଳିପରି, ମଲାଗୋଡ଼ି ଅବା
ଦରମଲା ଶୁଖୁଲା ପତ୍ର ପରି
ଖସୁଥାଆନ୍ତି ଏମାନେ ନିର୍ବଳ, ନିସ୍ତେଜ,
ମଲା ଜରି ପରି, ଶବ ପରି ॥

ନିଦ ଘୁଗୁଡ଼ି ଫୁଟଉଥିଲା ସେଠି ବହୁ ଆରାମରେ
କାରଣ ସେ ବି ଖୋଜୁଥିଲା
ଏମିତିକା ନିରୋଳା ମୁହୂର୍ତ୍ତର ସୁବର୍ଣ୍ଣ ସୁଯୋଗଟେ ॥

ତା' ଛାତି ପକେଟ ଭର୍ତ୍ତିଅଛି ଇଚ୍ଛାହୀନତାରେ
ମଟର ଓ ଚଣା ପରି ଶୂନ୍ୟତାରେ
ପୂରିଛି ପକେଟ ତା'ର-ତା' ଆତ୍ମାର
ଆଖି-କାନ-ନାକ ସବୁ ଭର୍ତ୍ତି ତା'ର
ଏଣୁ ସେ ବା କାହିଁକି ଉଠିବ ?
ତାକୁ ଡାକିବା ବୃଥା-
ତା'ଆଖିକୁ ଅନେଇବା ଅରଣ୍ୟରୋଦନ ॥

ସମସ୍ତେ ସେମାନେ ସେ ନୀରବତାର ଖୋଳପା ଭିତରେ
ନିଜକୁ ମଣୁଥିଲେ ଅତି ସୁରକ୍ଷିତ
କାରଣ ମରଣ ସ୍ରୋତ
ଜୁଆର ଓ ଭଙ୍ଗା ଧରି ରାଜଧାନୀଠାରେ
କରୁଥିଲା ସଶକ୍ତ ରାଜତ୍ୱ ॥

ପକ୍ଷୀସବୁ ବସିଥିଲେ ନିଶ୍ଚଳ ନିର୍ବାକ ହୋଇ
ଗୋଟେଗୋଟେ କାଦୁଅ ପିଣ୍ଡ,
ଆଖି ତାଙ୍କ ଗୁଞ୍ଜ ଫଳ
ହସ-କାନ୍ଦ-ରକ୍ତ ସବୁ କିଛି
ହଜିଯାଇଛି ମହାଶୂନ୍ୟତାରେ ॥

ନୌକାଗୁଡ଼ା ବି ମଲାମାଛ ପରି
ଭାସୁଛନ୍ତି ଦରବୁଡ଼ା ହୋଇ
ଆକାଶ ଯାଇଛି ଧୂଳି-ଧୂସରିତ ହୋଇ
ମୁହଁ ତା'ର ଧୂଳିମୟ-ଧୂସର ତା'ଆତ୍ମା
ମେଘସବୁ ମାଦଳ ପରିକା ସେଠି ପଡ଼ିଛନ୍ତି
ପାଦ–ନାହିଁ, ହାତ ନାହିଁ, ଆଖିରେ ବି ଲୁହ ନାହିଁ
ଯାଇଛି ବାଷ୍ପରେ ହୋଇ ପରିଣତ ସ୍ୱପ୍ନ ସବୁ ତାଙ୍କ
ଅଗଣା ଯେମିତି ଖାଲି,
ଅନ୍ତର ବି ଖାଲି ସେହିପରି ॥

ରାତିର ଆଖିଟା ଏବି କାମ କରୁନାହିଁ
ଚାଳିଶିଆ ଦୋଷ ଆଉ ମୋତିଆ ବିନ୍ଦୁରେ
ସିଏ ବି ଅଚଳ ଆଉ ରାତି ଗୋଟାସାରା ଅନ୍ଧକାର
ମନ-ଆତ୍ମା-ଦେହ ଓ ଦୁନିଆଁ
ସବୁକିଛି ମଗ୍ନ ଅନ୍ଧାରରେ
ଏଣୁ ଏଇ ବିଜନ ବେଳାରେ
ରାତି ଛଡ଼ା ଅନ୍ଧାର ବ୍ୟତୀତ
ଆମପାଖେ ଆଉକିଛି ଚାରା ଏବି ନାହିଁ ।।

ଆମ ଭାଗ୍ୟ, ସମସ୍ତଙ୍କ ଭାଗ୍ୟ
ନିଥର-ନିର୍ବଳ ହେବା
ପଙ୍ଗୁ ହେବା ଅଥର୍ବଟେ ପରି
ରାତି ପରି, ମେଘପରି, ସାରା ଆକାଶରେ
ମଲାପରି, ଶବ ପରି ତରଣୀଟା ପରି
ବିଜନ ବେଳାରେ ଯିବା ଲୀନ ହୋଇ
ଏକାକାର ହୋଇ
ଆମର ବିମର୍ଷ ଭାଗ୍ୟ, କପାଳ ଆମର ॥

କଳାଡିହ

ଆମ ଗାଁ, ନଈପଠା, ଆମ୍ବଗଛ
ଆମ ବାଡ଼ି, କରଂଜ, ପଣସ ଗଛ, ଶାଗର ପଟାଳି
ଆମର ସେ ନାଳିଗୁଡ଼ି, ରାସ୍ତା ଆଉ
ଆଖି ପାଉଥିବାଯାଏଁ ଧାନକ୍ଷେତ
କିଆରି କିଆରି:
ଆମ ଆକାଶ, ମାଟିର ଧରା
ଆଉ ଆମ ଏନ୍ଡୁଡ଼ି ନିଆଁର
ଉଷୁମ୍‌କୁ ସାଇତି ରଖିଥିବା ସେଇ ଘରଟା
ସବୁ ହଜିଯିବ ଦିନେ
କାରଣ କିଏ ନା କିଏ
ଦଖଲ କରିବସିବ ତାକୁ
ବାହୁର ବା ମଥାର ବଳରେ ॥

କିନ୍ତୁ ଆମେ ସମସ୍ତେ ଫେରିଯିବା
ଆମର ସେ ପୁରୁଣା ଘରକୁ
ଯେଉଁଠି ଆଶଙ୍କା ନଥିବ କେବେ
କେହି ତାକୁ ଜୋର୍ ଜବରଦସ୍ତ ନେଇଯିବାର
ଅଥବା ଆମେ ସମସ୍ତେ ବେଘର ହେବାର ॥

ସବୁ ଘର ସବୁ ବାଡ଼ି ଚାଲିଯାଇପାରେ
ସବୁ ସରିଯାଇପାରେ ଶବ୍ଦ ପରି
ଏଇ କାଗଜର ଅଭିଧାନରୁ
କିନ୍ତୁ ସେ ସବୁର ଶେଷପରେ ମଧ୍ୟ
ଆମ ପାଖରେ ରହିଛି ଯଥେଷ୍ଟ ଜାଗା
ଯେଉଁଠି ଆମେ ସମସ୍ତେ
ରହିପାରିବା ଆରାମରେ–
ଏପରିକି ଦିନେ ନା ଦିନେ ସେ ଲୋକଟା ବି
ଆସିବ ଫେରି ସବୁକିଛି ହାରିସାରି
ଜୁଆ ଖେଳରେ ॥

ଜୁଆ ର ଜୁଆର ଉଠିବା ପରି ଭଟ୍ଟା ଏବି ପଡ଼େ
ଏତେବେଳେ ମନେପଡ଼େ ଘରକଥା, ବାହୁଡ଼ିବା କଥା
ମନେପଡ଼େ ପୂର୍ବକଥା, ଆମରି ସେ ପ୍ରାଚୀନ ଘରଟା ।
ସେଠି ଯଥେଷ୍ଟ ଆଲୁଅ ଆଉ ସ୍ୱଚ୍ଛପାଣି
ସେଠି ଅଛି ଉପବନ ବହୁଗୁଣେ ଭଲ
କିଛି ବୋଲି ନାହିଁ ଅସୁବିଧା ସେଠି
ସେଠି ତ ସହସ୍ର ସତ୍ୟ ମିଶାଇ ଫେଣ୍ଟାଇ
ସୂର୍ଯ୍ୟର ଚିତ୍ରଟେ ଅଙ୍କା ସତ୍ୟପରି, ବିଶ୍ୱାସ ପରି
ସେଠି ତ ଅନ୍ଧାର ଆଉ ମାଛିର ଅନ୍ଧାର
ସୂର୍ଯ୍ୟ ସେଠି ଆପଣାର ଅନ୍ଧାର ପରି
ଆମେସବୁ ଶବ୍ଦ ପରି ହଜିଯିବା ପରି ॥

ଆମଘରେ ସେଠିଥିବେ ବାପା-ମାଆ
ଭାଇ ଓ ଭଉଣୀ,
ସେଠିଥିବେ ଈଶ୍ୱର ଆମ ପାଇଁ
ଶ୍ରଦ୍ଧାରେ, ସ୍ନେହରେ ଥରେ ଆଉଁସି ଆମକୁ
ଈଶ୍ୱର ସେଠାରେ ଥିବେ
ପୁଣିଥରେ ଦେବାକୁ ଫେରାଇ ॥

ସତରେ କହିଲ ଥରେ ଭାବି-ଚିନ୍ତି
ଏଠି କ'ଣ ହଜେ କିଛି
ଲୁଚିଯାଏ କିଛି-
ଜୀବନଟା କଟିଯାଏ ଭାଂଗିବାରେ
ଆଉ ଗଢ଼ିବାରେ
ଏଠି ବି ବଉଳ ହଜେ, ପୁଣି ଫୁଟେ,
ଫୁଟି ଝରିଯାଏ
ଏଠି ପୁଣି ଆମ୍ବ ହୁଏ, ଆମ୍ବଗଛ ହୁଏ,
ସେତିକି ବଉଳ ହୁଏ, ପୂର୍ବପରି
ଏଇ ପୃଥିବୀରେ ॥

ଆମର ସେ କଳାଡିହ
ହିଡ଼ ସବୁ ଧଳା କିଆରିରେ
ଆମର ସେ ଇଚ୍ଛା ସବୁ ଫେରିଆସେ
ରାତିପରେ ନୂତନ ରୂପରେ
ଶବ୍ଦ ସବୁ ହଜିଯାଏ, କାଗଜର ଟୁକୁଡ଼ା ପରିକା
ତାରା ସବୁ ଲୁଚିଯାନ୍ତି
ଦେଖାଯାଏ ବାଟ ଆମ ଫେରିଆସିବାର ॥

ବିଶ୍ୱରୂପ

"ସେ ଅନ୍ଧାର କି ଅନ୍ଧାର
ଯଦି ସିଏ ଶୁଖାଇ ନିଏନି ?
ସେ ଅନ୍ଧାର କି ଅନ୍ଧାର
ଯାହା କେବେ ରହେନାହିଁ
ପୂର୍ବପରି, ଆଜିପରି-ଅନ୍ଧାର ପରି ?
ସେ ଅନ୍ଧାର କି ଅନ୍ଧାର
ଯଦି ସେ ଆସେନି ଫେରି
ସକାଳର ଖରାସାଥେ, ଗୋଧୂଳିର ସାଥେ ?
ସେ ଅନ୍ଧାର କି ଅନ୍ଧାର
ସବୁବେଳେ ସବୁଠାରେ
ଅନ୍ଧପରି ସମସ୍ତଙ୍କ ଯଦି ସିଏ ବିଶ୍ୱାସ ନ ଜିତେ ?"

ଆହେ ପାର୍ଥ, ଆହେ ସଖା ମୋର
ତୁମେ ବା କାହିଁକି ଡର, ଭୟଙ୍କର
ଆଲୋକକୁ, କାଲି ସକାଳକୁ ?
ତୁମେ ବା ଭାବୁଛ କାହିଁ ଭିନ୍ନ ସବୁ ?
ସବୁ ଏଇ ଅନ୍ଧାରେ ଗଢ଼ା ଓ ସଜଡ଼ା-
ତୁମର ଗାଣ୍ଡିବ ଆଉ ତୁମ ଏଇ ଦେହ
ତୁମର ସେ ପିତାମହ, ଗୁରୁଦେବ ଦ୍ରୋଣ
ତୁମ ଭାଇ ଶହଶହ, ସହସ୍ର ସୈନିକ
ସମସ୍ତେ ଗଢ଼ା ଏଥିରେ
ଏ ଅନ୍ଧାର ମୂଳାଧାର ତାଙ୍କ ।
ଏ ଆଲୋକ ଗଢ଼ା ଏଇ ଅନ୍ଧାରରେ
ଏ ପୃଥିବୀ ପ୍ରସାଦ ତାହାର
ଏ ଆକାଶ ପରିପୁଷ୍ଟ ଏ ଅନ୍ଧାରେ—ଏହାରି ଗର୍ଭରେ ॥

କର୍ଣ୍ଣ ଅବା ପିତାମହ ଅବା ଗୁରୁଦ୍ରୋଣ
ସମସ୍ତେ ରଣୀ ତା'ଠାରେ
ସବୁ ଜଣେ ଜଣେ ତା'ର ଭ୍ରୂଣ
ହେ ଅର୍ଜୁନ, ହେ ଦୋସର ମୋର
ଚଳାଅ ଗାଣ୍ଡିବ ତୁମ ମନତୀରେ
ସ୍ଥିରକରି ଆତ୍ମାକୁ ତୁମର
ଏ ଆଲୋକ ସକାଳର
ଅନ୍ଧାରର ଆଉ ଏକ ରୂପ
ଧର୍ମର ହବନ କୁଣ୍ଡେ ଅସ୍ଥିରତା ନାହିଁ
ତୁମେ ମାର, ତୀର ମାର,
ମନରୁ ଓ ଆତ୍ମାରୁ ତୁମର
ତୁମେକର ମୁକ୍ତକର, ଶୂନ୍ୟକର ତୁମ ଏ ତୂଣୀର
ତୁମେକର, ଶୀଘ୍ର ସେଠୁ
ସମସ୍ତଙ୍କୁ ଦୟାକର, ରଣମୁକ୍ତ କର ॥

ଏହା ହେବ ଆଶୀର୍ବାଦ କୋଟିଏ ଆତ୍ମାର
ନଥିବ ବିବାଦ ଏଠି, ଦ୍ୱନ୍ଦ୍ୱ ବି ନଥିବ
ଆଲୋକ ଯିବ ବଦଳି
ଆଜି ପରି ଅନ୍ଧାର ପରି
ଆଜି ରାତି ହେବ ଶେଷ ସିନା ଆଜି
ଆସନ୍ତାକାଲର ସୂର୍ଯ୍ୟ ଆଣିଦେବ
ରାତି ଖାଲି ରାତି ଆଉ ରାତି ॥

ଏ ରାତି ଅରାତି ନୁହେଁ
ତୁମର ବା କାହାର ଏଠାରେ
ଏଇ ରାତି ନୁହେଁ କେବେ
ଶେଷରାତି ଏଠି
ଏ ରାତି ଆରମ୍ଭ ଏଠି, ଜଣାନାହିଁ
ଶେଷ ତା'ର କେଉଁଠି ବା ଅଛି ?

ଏ ରାତି ଦେଇଛି କଥା
ଆଲୋକର, ଆନନ୍ଦର, ଜୀବନଧର୍ମର
ଏ ରାତି ଦେଇଛି କଥା
ମରଣର, ପୁଣ୍ୟ ହବନର ॥

ଏ ରାତି ରହିଛି ଧର୍ମ ସଂସ୍ଥାପନା ପାଇଁ
ଏ ରାତି ରହିଛି ଏଠି ଦେବାକୁ ଆଲୋକ
ଏ ରାତି ଅନ୍ଧାର ପାଇଁ ନୁହେଁ ପ୍ରତିନିଧି
ଜୀବନର ନୂଆଗୀତି, ସ୍ୱର୍ଣ୍ଣିମ ଗୀତି
ଛଳନା ସଂହାର ପାଇଁ ଏଇ ରାତି
ଏ ବିମଳ - ଏ ଶୀତଳ ରାତି ॥

ଏ ରାତିର ରଂଗ ନୀଳ,
ଏ ରାତିର ବରଫ ଚେହେରା
ଏ ରାତିର ମାନଚିତ୍ର ସିଧାସାଦା
କାହିଁବା ଯନ୍ତ୍ରଣା ଏଠି କାହିଁବା ବେଦନା
କାହିଁ ଏଠି କଷ୍ଟ-ଦୁଃଖ
କାହିଁ ଏଠି ଜରା-
ଏ ରାତି ଦେଇଛି ସଖା ପ୍ରତିଶ୍ରୁତି
ସଯତ୍ନରେ ରଖିବ ସାଇତି
ଏ ରାତି କରିଛି ସତ୍ୟ
ନୂଆରୂପେ ଏ ସଭିଁଙ୍କୁ ଦେବ ସେ ଫେରାଇ ॥

ଏଇ ରାତି ନୁହେ ସଖା ଶେଷରାତିଟିଏ
ଏଇ ରାତି ହେବ ଏକ ମୁକ୍ତିର ଦ୍ୱାର
ଏ ରାତି ସୁଯୋଗ ଏକ, ସ୍ୱର୍ଣ ଅବସର
ଏଇ ରାତି ସମ୍ଭାବନା ନୂଆ ଜୀବନର
ଏ ରାତି ହଜିବ ଆଜି ସକାଳରେ
ଆଉ ଏକ ନୂଆ ରାତି ପାଇଁ ॥

ଏ ସୂର୍ଯ୍ୟ ଉଇଁବା ସତ ଧ୍ରୁବ ପରି
ଜହ୍ନର ପୂର୍ଣତା ପରି
ଏ ସୂର୍ଯ୍ୟ ମାଆର କଥା,
ଅନ୍ଧାର କଥା
ସତ୍ୟଠାରୁ ବଳବାନ, ଭୀମ ଠୁ ବଳିଷ୍ଠ
ଏଇ ରାତି, ଜହ୍ନରାତି, ଏ ରାତି ଚେହେରା
ଏ ସୂର୍ଯ୍ୟ ଉଦୟପରେ
ଏଇ ରାତି ଆଜିପରି ସବୁଦିନ ପରି
ଦେଉଥିବ ସବୁଠାରେ ନିମଗ୍ନ ପହରା ॥

ଏଇ ରାତି, ଆମ ପାଇଁ ରାତି
ଏଇ ରାତି ସଖା ଆମ, ଦୋସର ଆମର
ଏଇ ରାତି, ଶିବ, ସତ୍ୟ, ଏ ରାତି ସୁନ୍ଦର
ଏଇ ରାତି, ରାତି ନୁହେଁ, ନୁହେଁ ଅନ୍ଧକାର
ଏ ରାତି ଆଲୋକ ଏକ ଅଜଣା ରାଜ୍ୟର
ଏଇରାତି-ଆମ ରାତି-ସମସ୍ତଙ୍କ ରାତି
ଏଇରାତି ଆମ ରାତି ପରମ ସକାଳ
ଏ ରାତି ପାଦରେ ଶତ ଶତ ନମସ୍କାର
ଯେଣୁ ଏହା ସୁଶୀତଳ-ବିମଳ–ସଜଳ
ଏଇରାତି ଆମ ରାତି, ଆମ ନିଜ ରାତି
ଏ ରାତି ଆମର ଆଉ ଅଟେ ସଭିଙ୍କର
ଏଇରାତି ଶୁଭଙ୍କର- ଏ ରାତି ଶଙ୍କର
ଏଇରାତି ଶିବ ପୁଣି ଏ ରାତି ସଂହାର
ଏଣୁ ଏହି ମହାରାତି-ଏ ମହା ସକାଳ
ସୂର୍ଯ୍ୟପରି, ଧ୍ରୁବପରି ସତ୍ୟ ଓ ସୁନ୍ଦର
ରାତିରେ ଜୀବନ ଆମ, ରାତିରେ ସଂସ୍ଥିତି
ମଂଗଳ ଏ ରାତି ତିଥି
ବିତିଯାଉ ଏଇ କଳାରାତି
ଆସୁ ସେ ଆଲୋକ ରାତି, ଆଲୋକିତ ରାତି
ଏ ରାତି ଦେଇଛି ରାଣ, ରଖି ସଖାପଣ
ଆହେ ମୋର ପ୍ରିୟ ସଖା, ପ୍ରାଣର ଦୋସର
ଆହେ ସଖା,
ଭାବମୟ, ହେ ଅଭାବ ମୋର
କେମିତି ପାରିବ ହୋଇ ଏଇ ରାତି କାହାର ଅରାତି
ଯେଣୁ ଏଇ ରାତି ଅଟେ ମୋ' ନିଜର
ଏଇ ରାତି ବିଶ୍ୱରୂପ ମୋର ??!!

ଏଇ ଲେଖକଙ୍କ ଲେଖନୀରୁ ନିସୃତ ପୁସ୍ତକ

୧. ଈକ୍ଷା-ବୀକ୍ଷା-ସମୀକ୍ଷା (ସମାଲୋଚନା)
୨. ସମୀକ୍ଷା ସୌରଭ (ସମାଲୋଚନା)
୩. ସମୀକ୍ଷା ଗୌରବ (ସମାଲୋଚନା)
୪. ସମୀକ୍ଷା ପ୍ରକାଶ (ସମାଲୋଚନା)
୫. କାଳପୁରୁଷ (ସମାଲୋଚନା)
୬. ସ୍ରଷ୍ଟା ମନୋରଂଜନ ଓ ଆବିଷ୍କାର (ସମାଲୋଚନା)
୭. ତୁଳନାତ୍ମକ ସାହିତ୍ୟର ଭିତ୍ତି ଓ ଭାରତୀ (ସମାଲୋଚନା)
୮. ତୂଳୀ ଓ ତୁଳନା (ସମାଲୋଚନା)
୯. ସମୀକ୍ଷା ସଂଚୟନ (ସମାଲୋଚନା)
୧୦. ଅଭିଶପ୍ତ ପୃଥିବୀ (କବିତା)
୧୧. **ସୂର୍ଯ୍ୟ ଉଇଁଲେ ରାତି** (କବିତା)
୧୨. ସାଂଧ ଭ୍ରମଣ (କବିତା)
୧୩. ବ୍ରହ୍ମାସ୍ମି (କବିତା)
୧୪. ସୋଽହଂ (କବିତା)
୧୫. ତଥାପି ଆସିବ ଫେରି (କବିତା)
୧୬. ଗୋପପୁର ଓ ଅନାନ୍ୟ କବିତା (କବିତା)
୧୭. ଘୁଣକୀଟ (ମୁକ୍ତାଙ୍ଗିକ)
୧୮. ଦୃଷ୍ଟି ଓ ଦର୍ଶନ (ପ୍ରବନ୍ଧ)
୧୯. ନିଃଶ୍ୱାସର ଛାଇ (କ୍ଷୁଦ୍ରଗଳ୍ପ)
୨୦. ନିର୍ବାଚିତ ନିର୍ଜନତା (କ୍ଷୁଦ୍ରଗଳ୍ପ)
୨୧. ଅପଦେବତାର ଉପକଥା (କ୍ଷୁଦ୍ରଗଳ୍ପ)
୨୨. ବାଗ୍‌ଯନ୍ତ୍ର (ସମାଲୋଚନା)
୨୩. ଭାଷା ଓ ସାହିତ୍ୟ (ସମାଲୋଚନା)
୨୪. ଭାଷୋତ୍ପତ୍ତି ମତବାଦ (ସମାଲୋଚନା)
୨୫. ଧ୍ୱନିବିଜ୍ଞାନ ଓ ଧ୍ୱନିତତ୍ତ୍ୱ ବିଚାର (ସମାଲୋଚନା)
୨୬. ସମୀକ୍ଷା ସଂଦର୍ଶନ (ସମାଲୋଚନା)
୨୭. ଚେତନାର ଚିତ୍ରଲିପି (ସମାଲୋଚନା)
୨୮. କବି ଗୋପବଂଧୁଙ୍କ ବ୍ୟଥିତ ପ୍ରାଣ ଓ ଅନ୍ତିମ ଅଶ୍ରୁ (ସମାଲୋଚନା)
୨୯. ସେନାପତିଙ୍କ 'ଉତ୍କଳ ଭ୍ରମଣଂ' ବାବଦରେ କିଛି ବିଚାର କିଛି ଆଲୋଚନା (ସମାଲୋଚନା)
୩୦. ଉତ୍ତରଉପନିବେଶବାଦ ଓ ଭାରତୀୟ ପରିପ୍ରେକ୍ଷା (ସମାଲୋଚନା)
୩୧. ଶବ୍ଦ ନିରବଧି (ସଂପାଦନା)

୩୨. ଶବ୍ଦେଶ୍ୱରୀ (ସଂପାଦନା)
୩୩. ପ୍ରବନ୍ଧ ମାନସ (ସଂପାଦନା)
୩୪. ପ୍ରବଂଧାୟନ (ସଂପାଦନା)
୩୫. ଗଳ୍ପ ଗବାକ୍ଷ (ସଂପାଦନା)
୩୬. କବିତା ଓ କବିତା (ସଂପାଦନା)
୩୭. ପ୍ରତ୍ନ ଓଡ଼ିଆ ଗୀତିକା (ସଂପାଦନା ଓ ସମାଲୋଚନା)
୩୮. ପ୍ରତ୍ନ ଓଡ଼ିଆ ସାହିତ୍ୟ (ସଂପାଦନା ଓ ସମାଲୋଚନା)
୩୯. ଶିଶୁଶଂକର ଦାସ କୃତ ଉଷାଭିଳାଷ (ସଂପାଦନା ଓ ଆଲୋଚନା)
୪୦. ଚତୁର ବିନୋଦ (ସଂପାଦନା ଓ ସମାଲୋଚନା)
୪୧. କିଶୋର ଚନ୍ଦ୍ରାନନ୍ଦ ଚଂପୂ (ସଂପାଦନା ଓ ସମାଲୋଚନା)
୪୨. ବ୍ୟାସକବି ଫକୀରମୋହନ ସେନାପତି କୃତ ଧୂଳି (ସଂପାଦନା ଓ ସମାଲୋଚନା)
୪୩. ନଷ୍ଟପୁରୁଷ (ସଂପାଦନା ଓ ସମାଲୋଚନା)
୪୪. ବୈରାଗ୍ୟଶତକ (ଅନୁବାଦ, ସଂପାଦନା ଓ ସମାଲୋଚନା)
୪୫. The Black Feather (ସଂପାଦନା)
୪୬. The Weighty Words (ସଂପାଦନା)
୪୭. The Waste Land: An Introspective Commentary (ସମାଲୋଚନା)
୪୮. T. S. Eliot's *The Waste Land* : A Formal Introduction (ସମାଲୋଚନା)
୪୯. Aspects of Criticism (ସମାଲୋଚନା)
୫୦. Dispersed Meditation (ସମାଲୋଚନା)
ଇତ୍ୟାଦି ଅନ୍ୟାନ୍ୟ ଅନେକ ପୁସ୍ତକ

BLACK EAGLE BOOKS

www.blackeaglebooks.org
info@blackeaglebooks.org

Black Eagle Books, an independent publisher, was founded as a nonprofit organization in April, 2019. It is our mission to connect and engage the Indian diaspora and the world at large with the best of works of world literature published on a collaborative platform, with special emphasis on foregrounding Contemporary Classics and New Writing.

www.ingramcontent.com/pod-product-compliance
Lightning Source LLC
Chambersburg PA
CBHW060607080526
44585CB00013B/721
* 9 7 8 1 6 4 5 6 0 6 4 0 6 *